I0190541

La Vida que desea para sus Hijos

LES PARROTT III
Y LES PARROTT SR.

cnp

Publicado por
Casa Nazarena de Publicaciones
17001 Prairie Star Parkway
Lenexa, Kansas 66220 USA

Originalmente publicado en inglés con el título:
  The Life You Want Your Kids to Live
  By Leslie Parrott and Les Parrott III
  Copyright © 2001
  Published by Beacon Hill Press of Kansas City
  A division of Nazarene Publishing House
  Kansas City, Missouri 64109 USA

  This edition published by arrangement
  with Nazarene Publishing House.
  All rights reserved.

Traducido por Edith P. Medley

Diseño de cubierta: Isaac Abundis y Kevin Williamson.

ISBN 978-1-56344-631-3

Todas las citas bíblicas se han tomado de la versión Reina-Valera
1995 excepto donde se indica una versión diferente.

Todos los derechos reservados. Ninguna parte de esta publicació
podrá ser reproducida, procesada por ningún sistema que la pued
reproducir, o transmitir en alguna forma o medio electrónico,
mecánico, fotocopia, cinta magnetofónica u otro excepto para
breves citas en reseñas, sin el permiso previo de los editores.

Dedicado
a John Leslie Parrott,
el quinto nieto de Les Parrott Sr.
y el primer hijo de Les Parrott III

Si usted es padre de familia, reconozca que
este es el llamamiento más importante
y el desafío que le brinda mayores recompensas.
Lo que usted hace cada día, lo que dice y cómo actúa,
hará más para formar el futuro que cualquier otro factor.
—Marion Wright Edelman

Contenido

Cómo usar este libro

Este libro fue diseñado para usarse de diversas maneras. Lo puede leer individualmente, escribiendo en un diario sus respuestas a las preguntas de estudio al final de cada capítulo. Allí también puede agregar pensamientos y pasajes bíblicos, o anotar ejemplos y oraciones que vengan a su mente mientras lee.

También es una herramienta excelente para estudiar como pareja, ya sea que estén empezando su jornada como padres o que tengan experiencia en esta área. Lean los capítulos juntos, conversen sobre las ideas y busquen maneras en que podrían aplicarlas a su familia y a las necesidades individuales de sus hijos. Utilicen las preguntas de estudio para descubrir su actitud como padres, viendo en qué coinciden y en qué varían.

También se puede usar este libro como material de estudio en grupos pequeños, en clases de escuela dominical o en un grupo de padres de familia. Asigne cada capítulo como tarea antes de la reunión y luego dialoguen usando como guía las preguntas de estudio. O, ya que los capítulos son cortos, durante la reunión pida que varios miembros del grupo lean porciones del capítulo en voz alta. Con estos métodos se pueden apoyar y ayudar mutuamente, orando el uno por el otro al enfrentar los desafíos y las satisfacciones de ser padres de familia.

De cualquier manera que utilice este libro, esperamos que le ayude para enseñar a sus hijos a seguir con éxito *la vida que desea para ellos*.

Acerca de los autores

EL DR. LES PARROTT III es el fundador y uno de los directores (con su esposa, la Dra. Leslie de Parrott) del Center for Relationship Development, en el campus de Seattle Pacific University en el estado de Washington, E.U.A. Es un programa nuevo dedicado a enseñar los fundamentos de buenas relaciones. Es profesor de sicología en la universidad así como autor de varios libros, incluyendo *Saving Your Marriage Before It Starts* (Cómo salvar su matrimonio antes que comience), *Becoming Soul Mates* (Cómo llegar a ser una sola alma) y *When Bad Things Happen to Good Marriages* (Cuando cosas malas ocurren a buenos matrimonios). Ha escrito para diversas revistas y sus escritos se han destacado en periódicos populares de E.U.A. como *USA Today* y *New York Times*. También ha sido entrevistado en programas de televisión en CNN, Good Morning America y Oprah. Más información y recursos están disponibles en el sitio <www.realrelationships.com>.

EL DR. LESLIE PARROTT SR. es uno de los pastores de la Iglesia del Nazareno de Biltmore en Phoenix, Arizona, E.U.A. Fue rector de Eastern Nazarene College y Olivet Nazarene University por 22 años. Sus pastorados principales incluyeron las iglesias de Flint, Michigan; Portland, Oregon; y Puyallup, Washington en E.U.A. El Dr. Parrott también fue presidente del departamento de sicología de George Fox College de Oregon. Es autor de numerosos libros y es graduado de Olivet Nazarene University. Obtuvo la maestría en artes en Willamette University, en Oregon, y el doctorado en filosofía en Michigan State University.

Introducción

"Cuando eras más joven", le pregunté a mi padre mientras comíamos cierto día en Seattle, "¿pensabas en las cualidades de carácter que deseabas para tus hijos?"

Pensó por un momento y luego dijo: "Por supuesto, tenía algunas cosas en mente".

"¿Como cuáles?", le pregunté.

"Bueno, tu madre y yo hicimos todo lo posible para que crecieran en un hogar donde cada uno de ustedes pudiera establecer una relación con Dios".

"Era obvio, ¡eras pastor!"

"Es verdad", reconoció papá, "pero había otras cosas".

"¿Cuáles fueron?", le pregunté otra vez.

Papá dejó de comer y dio un sorbo a su café antes de decir: "Realmente quieres saber, ¿no?"

Asentí con la cabeza mientras le daba otra mordida a mi sandwich.

"Déjame pensar", dijo.

Ese pensamiento se extendió mucho más de lo que yo esperaba. Cuando papá empezó a contarme acerca de las cualidades de carácter que él y mamá se propusieron inculcarnos, le pedí prestado un bolígrafo al mesero y comencé a tomar notas. Es un hábito que aprendí —muy bien— de mi papá. Además, como sicólogo, pensé que esa información podría darme un destello de lo que mis profesores llamaban "herencia transgeneracional", un término técnico en sicología para referirse a las lecciones de la vida que aprendemos de nuestros padres.

Más tarde continuamos la conversación en el vestíbulo de un hotel. Allí comencé a percibir la profundidad de los pensamientos del hombre a quien llamo "papá". Descubrí la clase de carácter que había tratado de inculcarnos a mis dos hermanos y a mí. Y me propuse meditar intencionalmente en las cualidades que yo les inculcaría a mis hijos.

En ese tiempo mi esposa y yo habíamos "dado a luz" un par de títulos doctorales, pero aún no teníamos hijos. Un año después, sin embargo, nació nuestro hijo Juan. Y ese año, después de su nacimiento, repasé las notas que había tomado durante mi diálogo con papá. Por ese mismo tiempo un redactor de la empresa de publicaciones Beacon Hill Press de Kansas City me llamó; deseaba saber si había considerado escribir un libro junto con mi padre. Lo tomé como una señal y telefoneé a papá. Comenzamos entonces a organizar las notas de nuestra conversación y a dar forma al libro que usted tiene ahora en sus manos.

Este libro incluye algunos de los temas más personales que hayamos escrito jamás. Nunca antes —en los 12 o más libros que he escrito, o en más de 20 que ha escrito papá— nos habíamos sentido tan impulsados a examinar las cualidades que valoramos más profundamente.

Aquí encontrará las nueve características o virtudes que, en nuestra opinión, conforman la vida plena. Encontrará los nueve rasgos moldeables que mi mamá y mi papá procuraron trasmitirme, los mismos nueve rasgos que mi esposa y yo intentaremos trasmitir a nuestros hijos. No ofrecemos estas características como la lista definitiva a la que cada padre debe apegarse necesariamente. Pero creemos, después de mucho examen de conciencia e investigación, que estas cualidades dejan una herencia duradera que sitúa a los hijos en el camino menos recorrido. Creemos que marcan toda la diferencia para el éxito y el bienestar espiritual y emocional en la vida de una persona —de generación en generación.

—*Les Parrott III*

Permítame aclarar algo. Nuestra familia incluye a muchas personas llamadas "Leslie". La letra L en el nombre de mi padre, A. L. Parrott, es la inicial de Leslie. Yo soy Leslie. Nuestro hijo mayor es Richard Leslie y él tiene un hijo llamado Andrew Leslie.

Cuando nuestro tercer hijo tenía dos años de edad, le cambiamos el nombre a Leslie para que continuara la herencia. Después él se casó con una bella joven llamada Leslie. Y cuando nació su bebé, le pusieron John Leslie.

También tenemos un surtido de títulos: varios doctorados en filosofía, en educación y en divinidades, un doctorado en medicina y otro en filosofía y letras. Les III, mi coautor, es uno de los que tienen el nombre y el título mencionados.

Recuerdo claramente el día cuando comíamos juntos, en Seattle, cuando Les III me preguntó acerca de las características que mi esposa, Lora Lee, y yo nos propusimos trasmitir a nuestros hijos. La conversación se tornó tan agradable y prolongada que es difícil olvidarla. Le dije a Les que al criarlos, su madre y yo deseábamos que crecieran con un fuerte aprecio por la iglesia y por sus líderes. Le expliqué que por eso invitábamos a tantos líderes de la iglesia a comer en casa cuando bien hubiera podido llevarlos a un restaurante. Le dije también que por esa razón celebrábamos las juntas de la iglesia en casa cuando ellos eran pequeños. Recuerdo bien cuando los tres niños llevaban su vagoncito rojo por la sala, sirviendo refrescos a los miembros de la junta.

Le recordé a Les de la ocasión cuando él y sus hermanos presentaron a la junta de la iglesia una propuesta, pidiendo que instalaran una canasta de baloncesto sobre la puerta de la cochera de la casa pastoral. La junta discutió la propuesta y la aprobó unánimemente.

Le hablé a Les de la importancia que dábamos a las conversaciones familiares alrededor de la mesa del comedor. No podíamos comer juntos cada noche como familia, pero cada lunes ese evento familiar era una prioridad: una cena completa con mantel de lino blanco y nuestros mejores cubiertos. Nuestros hijos la llamaban "la cena de invitados", ya fuera que los tuviéramos o no. Durante esas cenas hablábamos de temas importantes para la familia y de todo lo que necesitáramos discutir, incluyendo las cualidades de carácter que ayudarían a nuestros hijos a disfrutar de la vida feliz que deseábamos para ellos.

Ese día, en Seattle, Les y yo hablamos de otras cualidades importantes que su madre y yo procuramos dejar como herencia a nuestros hijos. Después dialogamos de cómo tratamos de ayudarlos a descubrir metas educativas y profesionales, tomando en cuenta la personalidad singular y los intereses de cada uno.

Les me hizo recordar aquella vez cuando volé de Chicago a Los Angeles para estar con él sólo un día, ayudándolo a enfrentar el desafío de desarrollar la disertación doctoral. Al final de ese día, él había sustituido sus temores por un fajo de apuntes, los que más tarde convirtió en una propuesta que fue aprobada por el comité doctoral del Seminario Teológico Fuller.

Antes que Les III y yo concluyéramos nuestra conversación esa tarde en Seattle, había nacido la idea de escribir este libro sobre la herencia de virtudes y valores para la familia, y yo no lo sabía. Cuando Les me llamó y mencionó la idea, recién comprendí que nuestra conversación podría ayudar a otros padres, especialmente a los que apenas iniciaban sus familias. Esos padres tienen el potencial para formar de manera más firme el carácter de una vida joven.

Así como los padres le dan el nombre al hijo, también le trasmiten cualidades y lecciones para la vida que guían su camino. La tabla de Contenido de este libro refleja nuestra lista de cualidades y lecciones para la vida. Éstos son los valores y las virtudes que considero que mis padres, A. L. y Lucille Parrott, nos dejaron como herencia. Y son los rasgos que nosotros, Leslie y Lora Lee Parrott, hemos procurado trasmitir a nuestros tres hijos y a sus hijos.

Al leer estos capítulos, espero que nuestra lista —por lo menos en parte— se convierta en su lista mientras le agrega, le quita, la personaliza y la hace propia.

—*Leslie Parrott Sr.*

1

PIENSE BIEN DE USTED MISMO

◇ ◇ ◇

Si yo no procuro mi bien, ¿quién lo hará?
Y si procuro sólo mi bien, ¿qué soy?

—Hillel

staba pasando una tarde abrasadora en Columbus, Ohio *(habla Les Sr.)*, cuando un amigo que es médico en el hospital de Ohio State University me dio un libro en rústica, de apariencia insignificante.

—Te encantará —afirmó—, pero me lo devuelves.

Antes de que pudiera darle una buena mirada al libro, mi amigo desapareció. Esa tarde —ya hace más de tres décadas— empecé a leer el libro de Hugh Missildine, *Your Inner Child of the Past* (Su niño interior del pasado). Y esa tarde definió mi rol como padre. Allí en Columbus, leyendo ese libro en una banca del parque, descubrí lo poderosa que podía ser mi influencia en la vida de mis hijos.

Al leer me enteré de que el Dr. Missildine, que en ese tiempo era decano de la escuela de siquiatría de Ohio State University, había comprobado que la terapia freudiana tradicional era demasiado lenta y cara, especialmente para los niños que trataba en su clínica en el centro de la ciudad. Durante años había buscado una terapia más eficaz, confiable y simple para ellos. Sus descubrimientos, descritos en ese libro, me abrieron los ojos a una verdad fundamental y poderosa acerca de los niños —una verdad que no siempre tomamos en cuenta en estos días.

En el nacimiento —explicaba el Dr. Missildine— es como si se le diera a cada niño una película no expuesta para que la revele en su mente. A medida que crece, una variedad de experiencias buenas y malas contribuyen a la imagen que va grabando en la película. Con el tiempo, esa imagen se convierte en su autorretrato. Cuando está terminada la imagen en esa película, la mente del niño dice: "Esta es la clase de persona que soy".

Como los miles de puntos pequeños que al fin se convierten en foto en el pedazo de papel, cada niño desarrolla una identidad que consta de innumerables pensamientos, sentimientos y experiencias.

◇ ◇ ◇

La aceptación del valor intrínseco propio es la esencia de la personalidad. Cuando se derrumba, todo lo demás comienza a estremecerse.

—James Dobson

◇ ◇ ◇

Por supuesto, las experiencias del niño con la mamá y el papá desempeñan el papel más importante para desarrollar esa autoevaluación. Todo aspecto de la relación entra en el panorama: si abrazan o no abrazan al niño; si lo animan o lo desaniman; si la mamá sonríe o frunce el ceño; o si el papá llega o no llega a la función de la escuela en la que participa su hijo. Todo esto moldea la identidad del niño. No hay incidente demasiado pequeño que él no registre o que no forme parte de su autorretrato. El niño decide: *Soy inteligente. Soy tonto. Casi siempre tengo éxito. Siempre fallo. Soy rápido. Soy lento. Soy guapo. Soy feo.*

Para el tiempo cuando los hijos están en la educación secundaria, su autoimagen está casi completa y se convierte en la idea que probablemente conserven toda la vida. Cuando llegan a la edad adulta, "su niño interior del pasado" sirve como timón, guiándolos en la dirección a la que los lleva la imagen que tienen de sí mismos.

Aunque la autoimagen sea incorrecta o esté distorsionada, aún así dirige nuestras decisiones más importantes. Ella determina los pasos que damos. Por tanto, al considerar la vida que deseamos para nuestros hijos, debemos asegurarnos de que piensen bien de ellos mismos.

Qué significa "pensar bien de uno mismo"

El libro del Dr. Missildine tal vez haya sido el epicentro de un terremoto social que él nunca se propuso iniciar. En los años siguientes después de su publicación, las ideas tradicionales respecto a cómo criar y enseñar a los hijos fueron sacudidas desde la base. En los Estados Unidos surgió un movimiento cuyo propósito influyó en muchas áreas de la vida: Elevar la autoestima de los niños. Este movimiento pronto adquirió vida propia.

La autoestima, o más bien la falta de ella, se convirtió en el motivo al que podíamos atribuir los problemas de nuestros hijos. Se le consideró como la causa de casi todos los problemas sociales de la juventud. Debido a ese movimiento, se culpó a la baja autoestima por todo, desde las calificaciones bajas hasta la delincuencia juvenil. Los profesores, los consejeros y los padres en todo el país comenzaron a celebrar ese nuevo movimiento.

La asociación de fútbol de Massachusetts dio aun un paso más para desarrollar la autoestima de los niños. Ningún campeonato en el que participaran niños menores de 10 años tenía ganadores y perdedores. Los niños de todos los equipos recibían trofeos. En consecuencia, ningún niño experimentaba jamás "la agonía de la derrota".

Y ninguno experimentaba tampoco el verdadero triunfo de la victoria.

Esa actitud se reflejó en las clases, donde muchos profesores permitían que los niños pasaran de un grado al siguiente aunque no estuvieran capacitados. Después de todo —razonaban—, retenerlos podría dañar la frágil autoestima de los niños.

Llegando a un extremo en esa corriente, un maestro de Columbia, Missouri, cada día elegía a un niño para que se parara sobre una mesa mientras los demás lo aplaudían. La intención era que el niño se sintiera bien en ese momento. Los estudios, no obstante, no pudieron probar que el aplauso falso y otras estrategias superficiales tuvieran efectos positivos duraderos. A pesar de sus buenas intenciones, los maestros, los entrenadores, los consejeros y los padres no habían hallado la solución.

No podemos fabricar autoestima positiva en forma masiva. No se puede dar como trofeo. La capacidad del niño para pensar bien de sí mismo se imparte a través del tiempo, sembrándola profundamente en el corazón del pequeño. Este rasgo es cultivado cuidadosamente por padres y madres que invierten en cada vida joven, ayudándole a ser una persona que posee dignidad y respeto por sí misma.

◇ ◇ ◇

Sus hijos son como un casete vacío
que constantemente está grabando información.
¿Cuál información desea grabar en ese casete?
¿La de usted o la de alguien más?
—Tim Hulett

◇ ◇ ◇

No debemos confundir el pensar bien de uno mismo con el orgullo o la arrogancia. En realidad, pensar bien de sí mismo es lo contrario del orgullo. Éste se basa en la inseguridad. La humildad se basa en el reconocimiento de la valía propia. La persona que piensa bien de sí misma admite sus cualidades buenas y sus debilidades, mientras que la orgullosa niega sus defectos.

La persona que piensa bien de sí misma no practica la humildad falsa, la cual se basa en el automenosprecio y rechaza las cualidades propias. Más bien, esa persona adopta un corazón humilde que reconoce correctamente su valía y mantiene una perspectiva sana. Estas personas están dispuestas a recibir tanto comentarios positivos como negativos.

La práctica de pensar bien de uno mismo se desarrolla temprano en la niñez y, por lo general, se mantiene toda la vida. Las raíces profundas del concepto negativo, por otro lado, son casi imposibles de eliminar. Por eso los que invierten en la vida de un niño deben buscar maneras prácticas de inculcarle esta cualidad.

Sin embargo, antes de hacerlo, veamos por qué es tan importante esta cualidad en relación con la vida que deseamos para nuestros hijos.

Por qué es importante esta cualidad

El niño que nunca aprende a pensar bien de sí mismo llega a ser un adulto que se siente inferior. El complejo de inferioridad puede conducir a problemas serios tales como depresión, drogadicción, problemas de ansiedad, comer en exceso, rompimiento de relaciones y otros problemas. En general, la gente que se siente inferior tiene pocas aspiraciones para alcanzar el éxito. Se convierten en adultos inquietos, tímidos, retraídos, inhibidos, ansiosos o desagradables. Ninguna persona que ame a sus hijos elegiría para ellos esta condición.

Esto nos muestra por qué es importante enseñar a los niños a pensar bien de sí mismos. Pero, también tenemos el llamamiento bíblico de ayudarlos en este recorrido. La Biblia nos muestra muchos ejemplos claros de ello.

◇ ◇ ◇

Ayudar a su hijo a obtener autoestima es el regalo más importante que todo padre de familia pueda darle.

—T. Berry Brazelton

◇ ◇ ◇

En el Antiguo Testamento, por ejemplo, cuando José era adolescente, se jactó ante sus hermanos cuando soñó que un día lo honrarían inclinándose frente a él. Debido a la arrogancia de José y los celos de sus hermanos, ellos lo vendieron como esclavo (Génesis 37).

Después de ser traicionado de esa manera, José pasó 13 años en esclavitud en Egipto, lejos de su patria, Canaán, y también lo encerraron en la cárcel por acusaciones falsas. Cuando tenía 30 años de edad, los sueños que Dios le dio acerca de la abundancia y la hambruna hicieron que lo nombraran como uno de los hombres más poderosos de Egipto. Cuando sus hermanos viajaron a Egipto en busca de alimento, se encontraron con José otra vez y realmente se inclinaron ante él, 40 años después de haberlo vendido como esclavo.

José hospedó a su familia en su casa durante el período de hambruna y por mucho tiempo más. Jacob murió 17 años después de haber ido a Egipto a vivir con sus hijos. Los hermanos de José estaban seguros de que sin la presencia del padre para interceder por ellos, finalmente él se vengaría por el mal que le habían hecho hacía 40 años.

Pero más bien dijo: "Vosotros pensasteis hacerme mal, pero Dios lo encaminó a bien... no tengáis miedo; yo os sustentaré a vosotros y a vuestros hijos. Así los consoló, pues les habló al corazón" (Génesis 50:20-21).

La persona que no piensa bien de sí misma nunca haría esto. Por eso es tan importante esta cualidad. La dignidad propia permite que actuemos con bondad.

El Nuevo Testamento nos muestra este rasgo en la vida de Pablo. Él fue terriblemente maltratado en Filipos. Había sido víctima de una injusticia y siempre recordaría la agonía de los azotes y del encierro en una celda infestada de ratas e insectos. En esas circunstancias, Pablo le escribió a su querido amigo y ex discípulo, Timoteo, exhortándolo a pensar bien de sí mismo: "Procura con diligencia presentarte a Dios aprobado, como obrero que no tiene de qué avergonzarse, que usa bien la palabra de verdad" (2 Timoteo 2:15).

La Biblia a menudo dice que somos "hijos" de Dios (1 Juan 5:1-2). Dios no desea que sus hijos tengan una mala opinión de sí mismos. Él ama a sus hijos (Juan 3:16). No hay "condenación" (Romanos 8:1-2) para ellos. ¿Cuál es la idea fundamental? Como cristianos, tenemos una buena razón para pensar bien de nosotros mismos. Poseemos valía porque Dios nos creó y porque Cristo murió por nuestros pecados.

Cómo inculcar autoestima a nuestros hijos

Si reuniéramos a expertos de todo el mundo en cuanto al desarrollo de la niñez y les preguntáramos cómo se cultiva un sentido sano de autoestima en el niño, nos bombardearían con un sinfín de consejos y técnicas. Las posibilidades para elevar el ego son innumerables. Pero, veamos aquí algunos métodos eficaces para llegar más allá de la superficie, a esas áreas importantes en las que esta cualidad será permanente.

Tal vez algunas sugerencias le parezcan más útiles que otras, pero todas pueden aplicarse en algún momento a su situación específica al considerar las necesidades individuales del niño. Ya sea usted profesor, consejero, entrenador, pastor, padre o alguien que puede influir en la vida de niños, le ofrecemos estas ideas pidiendo en oración que le sean útiles mientras los ayuda a moldear una autoimagen positiva que perdure toda su vida.

◇ ◇ ◇

La autoestima es la reputación que tenemos con nosotros mismos.
—Nathaniel Branden

◇ ◇ ◇

Haga hincapié en el amor de Dios. Leslie y yo *(Les III)* acabábamos de subir a la plataforma del Rose Garden Arena de Portland, Oregon, en donde casi 15,000 personas se habían reunido para un megaseminario sobre el matrimonio. Esa noche los seis oradores hablaríamos brevemente de lo que enseñaríamos durante los talleres. Unos momentos antes de que Leslie y yo nos dirigiéramos al podio, nuestro amigo Gary Smalley cautivó a la multitud con una ilustración. Mostrando un billete de 50 dólares, preguntó a la audiencia: "¿Quién quisiera este billete de $50?"

Vimos que las manos se levantaron por todas partes. Gary dijo: "Le daré este billete de $50 a uno de ustedes, pero primero permítanme hacer esto". Arrugó el billete en su mano y después preguntó: "¿Quién lo quiere todavía?" Las mismas manos se levantaron.

"Bueno", continuó, "¿qué tal si hago esto?" Tiró el billete al suelo y lo pisoteó. Luego recogió el billete ajado y dijo: "¿Ahora quién lo quiere todavía?" Una vez más se alzaron las manos.

"Ustedes acaban de aprender una lección muy valiosa", dijo Gary. "No importa qué le hice al billete, ustedes todavía lo deseaban porque no disminuyó su valor. Todavía vale $50. Muchas veces en la vida nos sentimos caídos, maltratados y pisoteados por las decisiones que tomamos y las circunstancias que enfrentamos. Sentimos que no valemos nada. Pero, no importa qué haya sucedido o qué suceda más adelante, usted nunca perderá su valor ante Dios. Sucio o limpio, maltratado o no, usted es invalorable para Él".

Todo niño que aprende a pensar bien de sí mismo, en algún momento escuchará la misma lección que aprendió la multitud en Portland. El amor de Dios no depende de nuestra apariencia o de nuestra conducta. El niño que comprende esta verdad bíblica ha dado un gran paso hacia la autovalía. ¿Por qué? Porque el amor de Dios es el fundamento para pensar bien de nosotros mismos. Cuando entendemos que somos miembros de la creación de Dios, vemos que somos objetos del amor divino.

◇ ◇ ◇

La dignidad no es negociable.
La dignidad es la honra de la familia.
—Vartan Gregorian

◇ ◇ ◇

Valore la presencia del niño. Yo *(Les Sr.)* siempre procuré poner en práctica este importante principio con nuestros hijos. Como pastor y después rector de la universidad, siempre estaba ocupado. Fácilmente habría podido culpar a las demandas de mi trabajo por no permitirme pasar suficiente tiempo con ellos. Pero me propuse no hacerlo. Y, aunque fallé muchas veces, cada uno de mis muchachos me ha dicho que el tiempo que pasamos juntos fue muy útil para ayudarles a formar una imagen positiva de sí mismos. Cuando valoramos la presencia de nuestros hijos, ellos hacen una interpretación previsible: Mi papá pensó que estar conmigo era más importante que estar en una de sus reuniones, así que seguramente soy una persona valiosa.

Un amigo nuestro comprendió que no estaba pasando tantas horas con sus dos hijas como deseaba. Después de disculparse, les dijo: "¿Saben? La calidad del tiempo que compartimos es más importante que la cantidad de tiempo que pasamos juntos".

Las niñas, de seis y cuatro años de edad, no entendieron esas palabras. El papá les explicó: "La cantidad significa cuántas horas y la calidad significa cuán bueno es el tiempo que pasamos juntos. ¿Cuál prefieren ustedes?"

La niña de seis años contestó: "El de calidad, ¡y mucho!"

Todos los hijos piensan así. Se ha hablado mucho acerca del tiempo de calidad. Sin embargo, los hijos que pasan más tiempo con sus padres tienen una mejor opinión de sí mismos. Esto se aplica tanto a los niños pequeños como a los adolescentes. Cuando el adolescente tiene un problema, quiere hablar de él cuando está pensando en ello —¡ahora mismo! No puede esperar hasta la hora cuando la mamá o el papá llegue a la casa. El tiempo que apartamos para estar con nuestros hijos les comunica un mensaje poderoso: que los valoramos y que su presencia es importante para nosotros. Si quiere aumentar las probabilidades de que su hijo o hija piense bien de sí mismo(a), separe cierto tiempo en su ocupada agenda para dedicárselo con regularidad sólo a él o ella.

Mire más allá de lo malo para ver lo bueno. El artista Benjamín West cuenta que desde niño le gustó la pintura. Cuando su madre salía de la casa, él sacaba los óleos e intentaba pintar. Un día sacó las pinturas y dejó todo manchado. Esperaba limpiar el lugar antes que volviera su madre, pero ella descubrió lo que había hecho. West dice que la reacción de su mamá lo sorprendió totalmente. Tomó lo que él había pintado y dijo: "Mira, ¡qué pintura tan hermosa de tu hermana!" Después le dio un beso en la mejilla y se fue. Con ese beso, dice West, él se hizo pintor.

¡Qué mensaje tan poderoso! ¡Y qué madre tan perspicaz! Entendía el valor de mirar más allá de lo malo para enfocar la atención en algo bueno. ¡Ella fácilmente hubiera podido concentrarse en el desorden causado por su hijo! Pero más bien dejó eso de lado para valorar lo bueno que él había hecho. Ese simple acto hizo que su hijo pensara bien de sí mismo y lo ayudó a crear una autoimagen que le permitió descubrir su vocación. Ese es el poder de mirar más allá de lo malo para ver lo bueno.

Los padres de familia cometemos errores todos los días. Decimos o hacemos cosas de las cuales después nos lamentamos. Desafortunadamente, eso forma parte del ser humano. Y lo que menos necesitamos es que alguien venga y nos diga: "¡Te equivocaste!"

Lo que necesitamos es que nos animen. Y si los adultos anhelamos y necesitamos esa clase de apoyo y amor, imagine cuánto más lo anhelan nuestros hijos.

Descubra las capacidades del niño. Si desea ayudar a los niños a pensar bien de sí mismos, debe entender la conexión entre la autoestima y las capacidades básicas. La autoestima sola no es suficiente. Es un error creer que si ayudamos a los niños a "sentirse bien" respecto a ellos mismos, entonces se desempeñarán mejor. Esa es sólo la mitad de la ecuación para el éxito duradero.

La otra mitad igualmente importante es desempeñarse bien. Cuando los padres, profesores y entrenadores elogian a los niños que no han hecho algo que merezca alabanza, no los ayudan. Es imposible que un niño se sienta bien sin haber aprendido antes a desempeñarse bien. A la larga, solamente los niños que aprenden por experiencia que en verdad pueden lidiar con las tareas diarias de la vida poseerán verdadera confianza en ellos mismos.

"La autoestima no causa la capacidad", dice Martin Ford de George Mason University. "Más bien, es el resultado de ser capaz".

De modo que los padres debemos descubrir las capacidades de nuestros hijos y ayudarlos a dominar diversas responsabilidades. Descubra lo que sus hijos hacen bien y celébrelo. Tal vez sean buenos para construir torres altas con bloques, o tengan un fabuloso sentido de dirección, o quizá puedan equilibrarse bien sobre una tabla. Tal vez en lectura estén en un nivel avanzado para su edad o resuelvan acertijos rápidamente. Cualquier cosa grande o pequeña que puedan hacer bien les ayudará a pensar bien de sí mismos.

Por tanto, no invierta el orden del proceso. Elogie y aplauda las áreas en las cuales el niño se desempeñe bien. Esté atento a esas actividades desafiantes que logre realizar por sí solo: ya sea quitarse los calcetines, darle de comer al gato o planchar la camisa que quiere ponerse para ir a la escuela. Cuanto más elogie usted los logros genuinos de su hijo, más sentimientos positivos experimentará él respecto a sí mismo.

PREGUNTAS DE ESTUDIO

◆ ¿Está de acuerdo en que "pensar bien de uno mismo" es una importante cualidad del carácter que debemos trasmitir a los niños? ¿Por qué?

◆ ¿Qué ha hecho hasta ahora para ayudar a su hijo a pintar un autorretrato positivo? ¿Cuáles declaraciones o acciones específicas le han parecido útiles para desarrollar la autovalía de su hijo?

◆ Cuando piensa en "su niño interior del pasado", ¿cuáles emociones se despiertan en usted? ¿Cómo influyen las experiencias que tuvo de niño en su capacidad para ayudar a su hijo a pensar bien de sí mismo?

◆ ¿Cómo llegó a comprender que es valioso ante Dios? ¿Cómo puede ayudar a su hijo a descubrir su valía ante Dios?

◆ Nombre por lo menos una idea o principio específico de este capítulo que tratará de poner en práctica en los próximos días.

◆ Si su hijo tiene un año o más, escriba una lista de cosas por las que podría elogiarlo esta semana.

2

ADÁPTESE A LAS CIRCUNSTANCIAS FUERA DE SU CONTROL

◇ ◇ ◇

Tiene usted que aceptar lo que venga,
y lo más importante es que lo enfrente
con valor y con la mejor actitud.
—Eleanor Roosevelt

En la década de los años 1830, una caravana de carretas recorrió el desfiladero Cumberland desde Virginia hasta Kentucky en los Estados Unidos. Viajando hacia el sur por la altiplanicie de Cumberland hasta Tennessee, planeaban dirigirse al oeste en Monterey, rumbo a Nashville. De allí seguirían hacia el oeste para llegar a Texas.

Una joven viuda con varios hijos conducía una de las carretas de la caravana. Después que murió su marido, su hermano que vivía al este de Texas le había enviado un mensaje: él la ayudaría a criar a los niños si los llevaba a Texas.

La caravana acampó por la noche en un valle, al norte de Monterey, Tennessee, a unos kilómetros de la frontera de Kentucky. Un granjero amable permitió que la viuda y sus hijos pasaran la noche en el heno de su granero. Pero, a la mañana siguiente, uno de los niños amaneció con sarampión.

El conductor de la caravana, tratando de hacer bien su trabajo, le dijo a la madre que tenía dos opciones: quedarse con su hijo o dejarlo. Luego le explicó que ningún niño enfermo podía seguir con la caravana porque de seguro contagiaría a los otros colonizadores. La viuda sabía que si se quedaba, tal vez transcurrirían meses hasta que pasara otra caravana. Después de un tiempo de intensa agonía, la viuda decidió dejar al niño con el granjero, prometiendo que regresaría por él tan pronto como dejara a los otros hijos establecidos en Texas. Pero nunca regresó. Algunos especulan que ella murió. Otros creen que no pudo hacer el viaje de regreso a Tennessee. Probablemente nunca sepamos por qué la madre no volvió por su hijo.

Ese niño fue mi bisabuelo *(habla Les Sr.)*. Y él le dejó una herencia inestimable a nuestra familia.

◇ ◇ ◇

Si no le gusta algo, cámbielo.
Si no puede cambiarlo, cambie su actitud.
No se queje.
—Maya Angelou

◇ ◇ ◇

Mi bisabuelo luchó en el ejército de la Confederación durante la Guerra Civil de los Estados Unidos. Durante una batalla le dispararon en una pierna. Cuando le dieron de baja en Murfreesboro, recorrió con muletas los últimos 105 kilómetros hasta llegar a su casa. ¡Qué tormento debe haber sido ese viaje!

Las cartas familiares de ese tiempo, junto con otros datos que pude reunir, revelan que fue un hombre religioso que amaba a su familia, especialmente a sus dos hijos. Uno de éstos era mi abuelo. Leí una de las cartas que mi bisabuelo escribió desde el hospital del ejército donde le amputaron la pierna sin aplicarle anestesia. En esa alentadora carta —que ahora se encuentra en los archivos de la biblioteca estatal de Tennessee— dirigida a su esposa, le pedía que abrazara a sus dos hijos de parte de él y que les dijera que pronto llegaría a la casa. Murió tres años después de su regreso.

James Parrott dejó una herencia que ha pasado de una generación a otra en nuestra familia. Ese legado no tiene nada que ver con dinero sino con la actitud. Jim, como lo llamaba la familia, conocía el valor de adaptarse a las circunstancias que estaban fuera de su control y se esforzó para transmitir esa cualidad a sus hijos. Ellos lo vieron poner en práctica las actitudes que infundía en otros. Jim tenía motivos para quejarse y culpar a otros por haber crecido sin sus padres. Y hubiera podido quejarse justificadamente por las consecuencias de la guerra en su vida.

En lugar de ello, superó sus problemas. Se caracterizó por una actitud flexible que le permitía suavizar los golpes que enfrentaba. Mi padre aprendió esta cualidad de carácter de su padre y yo la he aprendido de mi padre. Es una cualidad que siempre he valorado y que he procurado trasmitir a mis tres hijos.

◇ ◇ ◇

La libertad máxima del ser humano
es la de escoger sus actitudes.
—Viktor Frankl

◇ ◇ ◇

Le animamos a trasmitir a sus hijos esta cualidad de carácter, esta capacidad de adaptarse a las circunstancias que no podemos controlar. Es un ingrediente esencial —quizá uno de los principales— para ayudar a nuestros hijos a experimentar la vida que deseamos para ellos.

Qué significa "adaptarse a las circunstancias fuera de su control"

"Cuanto más tiempo vivo, comprendo mejor el impacto de la actitud en la vida", escribió el pastor Chuck Swindoll en su libro *Improving Your Serve* (Cómo mejorar su servicio, 1981). "La actitud, para mí, es más importante que los hechos. Es más importante que el pasado, la educación, el dinero, las circunstancias, los fracasos, los éxitos y lo que otras personas piensen, digan o hagan. Es más importante que la apariencia, los talentos o las habilidades".

Swindoll agrega que el hecho más notable de la vida es que podemos escoger nuestra actitud cada día del año. Adaptarnos a lo que está fuera de nuestro control significa asumir plena responsabilidad por nuestra actitud y ser felices a pesar de las circunstancias.

La actitud de la persona forma o destruye su vida. Y la actitud positiva dependerá de su capacidad para adaptarse a situaciones que estén fuera de su control. No importa las ventajas o desventajas que se enfrenten, uno puede mejorar la situación. Si nos adaptamos a las circunstancias fuera de nuestro control, contemplamos la situación desde una nueva perspectiva y la vemos en términos positivos en vez de negativos. Esta cualidad también hace posible que demos a otros el beneficio de la duda. Nos permite hacer a un lado el deseo de culpar, el resentimiento y el enojo.

◇ ◇ ◇

¿Cuál es la diferencia entre el obstáculo
y la oportunidad? Nuestra actitud al respecto.
Toda oportunidad conlleva una dificultad
y toda dificultad conlleva una oportunidad.
—J. Sidlow Baxter

◇ ◇ ◇

Cada año millones de personas pierden la felicidad porque sucumben a una mentalidad negativa, culpando a personas o cosas por su infelicidad. Tanto niños como adultos dicen frases como la siguiente: "Esa persona me hace enojar". A veces la gente hace o dice cosas que nos tientan a responder negativamente y a enojarnos, pero podemos escoger algo mejor. La perturbación emocional es una reacción natural ante algo que nos desagrada, pero esa reacción puede producir una respuesta más constructiva y positiva. Quizá eso quería decir el apóstol Pablo cuando escribió en Filipenses 4:8: "Todo lo que es verdadero, todo lo honesto, todo lo justo, todo lo puro, todo lo amable, todo lo que es de buen nombre; si hay virtud alguna, si algo digno de alabanza, en esto pensad".

Al adaptarnos cuando no podemos cambiar las circunstancias de nuestra vida, reconocemos que no son éstas las que controlan nuestras actitudes; nosotros las controlamos.

Por qué es importante adaptarnos a las circunstancias fuera de nuestro control

Algunas personas disfrutan de vidas radiantes, felices y productivas. Otras que asisten a la misma iglesia, escuchan los mismos sermones y entonan los mismos cantos, se ven abatidas, derrotadas y dominadas por la preocupación. No es accidente que algunas puedan enfrentar golpes en la vida, sobreponerse a las injusticias, superar las tensiones aparentemente insoportables y ser felices a pesar de todo.

La diferencia no radica en la suerte. Tampoco se trata de la habilidad para solucionar problemas, aunque esto es realmente importante. La actitud es la razón por la que algunos sacan el mejor partido de su vida, mientras que otros parecen apenas sobrevivir.

◇ ◇ ◇

Estoy convencido de que la vida consiste en un 10 por ciento de lo que me pasa y en un 90 por ciento de la forma en que reacciono a ello.
—Chuck Swindoll

◇ ◇ ◇

En cierta ocasión un perro viejo se cayó en un pozo. Después de evaluar la situación, el granjero se compadeció del animal, pero decidió que no valía la pena tratar de salvar al perro ni el pozo. Por tanto, decidió enterrar al viejo perro en el pozo y así poner fin a su sufrimiento.

Cuando el granjero comenzó a echar tierra al pozo, el perro se puso muy nervioso. Pero cada vez que la tierra le caía sobre el lomo, se sacudía y se paraba sobre el montón de tierra.

Sin importarle el dolor que le causaba cada palada de tierra que le caía encima, o cuán incómoda fuera la situación, el perro venció el pánico y continuó sacudiéndose y parándose sobre la tierra. Unos minutos después, maltratado y agotado, el perro salió triunfante del pozo. Lo que parecía estar a punto de enterrarlo, realmente lo benefició e incluso lo salvó, gracias a la manera en que sorteó la adversidad.

Si enfrentamos los problemas reaccionando en forma positiva —rechazando el pánico, la amargura y la autocompasión—, las adversidades que tratan de enterrarnos tienen el potencial de bendecirnos, esto es, si cultivamos la capacidad de adaptarnos a las situaciones que están fuera de nuestro control.

Cómo inculcar esta cualidad a nuestros hijos

Todavía no he encontrado un libro, dirigido a padres de familia, que enseñe a cultivar la capacidad de los hijos para adaptarse a circunstancias fuera de su control. Quizá sea por la idea de que esta cualidad se desarrolla automáticamente a medida que la persona adquiere madurez. Tal vez se piense que es algo que el niño no puede comprender.

◇ ◇ ◇

**Sentirse bien depende
de lo que piense usted.**
—Sheila Krystal

◇ ◇ ◇

Sin embargo, el niño nunca es demasiado pequeño como para comenzar a aprender a ser flexible y a enfrentar las adversidades de la vida. Aun cuando debemos ser tolerantes con los impulsos emocionales del niño, a medida que crece es posible cultivar esta cualidad usando algunas sugerencias como las que incluimos a continuación.

Inspírelos con ejemplos. Nunca olvidaré cuando mi papá nos hablaba de Viktor Frankl, un hombre que sobrevivió los sufrimientos en un campo de concentración nazi durante la Segunda Guerra Mundial. A pesar del indecible maltrato en manos de la Gestapo de Adolfo Hitler, Frankl vivió con una actitud positiva en medio de la miseria y muerte durante el encarcelamiento. En su libro *Man's Search for*

Meaning (La búsqueda de significado del hombre, 1984), hizo una declaración que nunca he olvidado: "Los que hemos vivido en campos de concentración podemos recordar a los hombres que caminaban por las barracas consolando a otros, o regalando su último pedazo de pan. Quizá hayan sido pocos, pero constituyen una prueba fehaciente de que al hombre se le puede despojar de todo, excepto de una cosa: la libertad máxima del ser humano —escoger sus actitudes frente a las circunstancias dadas, escoger su propio rumbo".

El ejemplo de Viktor Frankl todavía me inspira. Y toda historia dramática o memorable de personas que mantuvieron una actitud positiva, a pesar de sus circunstancias, probablemente quede grabada en la mente de sus hijos. Compartir con ellos relatos inspiradores es una clave para cultivar esta cualidad.

Esas historias se encuentran en muchas clases de libros. Las biografías constituyen una gran fuente de historias. La mayoría de las personas famosas, ya sean deportistas o gerentes de alguna empresa, tuvieron que vencer un sinnúmero de adversidades en alguna etapa de su vida. Algunos libros acerca del crecimiento y el desarrollo de iglesias, obras misioneras y ministerios ofrecen abundantes historias que nos inspiran. ¡Así que, lean libros misioneros! Los libros de oradores que motivan y de líderes cristianos a menudo utilizan historias inspiradoras como ilustraciones. También se pueden encontrar libros de anécdotas cortas, incluyendo las de personas que salieron adelante venciendo increíbles desventajas.

Busque ejemplos mientras lee revistas y periódicos, cuando ve televisión y escucha sermones. Recuerde esas historias inspiradoras para compartirlas con sus hijos a la hora de la comida o en otras ocasiones apropiadas; también puede escribirlas y dárselas (o póngalas en sus cuadernos o en algún lugar donde puedan leerlas). Permítales ver cómo personas en la vida real superan problemas verdaderos, ayudándoles a recordar que Dios también los ayudará a adaptarse y a vencer.

Elimine el desaliento. Quizá haya oído el relato acerca de la venta que hizo el diablo un día. Sobre el césped puso todas sus herramientas usadas indicando el precio de cada una. Ofrecía una amplia selección: odio, celos, engaño, mentira, orgullo, y todas eran muy costosas. A un lado había una herramienta que se veía más usada que otras. Lo sorprendente era que tenía el precio más alto. Su nombre era "desaliento".

Cuando le preguntaron por qué costaba tanto, el diablo contestó: "Es mi herramienta más útil. Cuando no puedo dominar a mis víctimas con ninguna otra, uso el desaliento porque muy poca gente sabe que esa herramienta me pertenece".

Es humano y normal experimentar desaliento a veces, especialmente para los niños. Pero eso no significa que debemos dejar que nos domine. No permita que su hijo permanezca desanimado por mucho tiempo. Si eso ocurre, el diablo puede tomar control de la vida del niño, porque el desaliento puede llevarlo a dudar del amor y de la provisión de Dios.

◇ ◇ ◇

Sé vivir humildemente y sé tener abundancia;
en todo y por todo estoy enseñado, así para
estar saciado como para tener hambre,
así para tener abundancia como para padecer necesidad.
—Pablo (Filipenses 4:12)

◇ ◇ ◇

Cuando note que sus hijos están desalentados, haga todo lo posible para animarlos. Con el tiempo aprenderán a superar esos momentos y a hablar con Dios acerca de lo que les preocupa. Entonces estarán preparados para vencer ese sentimiento negativo y adaptarse a las situaciones de la vida que están fuera de su control.

Aprenda a mantener el equilibrio emocional. Cuando sus hijos se dan cuenta de que usted ha llegado a casa, ¿cómo reaccionan? ¿Acaso dicen: "¡Qué bueno, ya volvió mamá! Todo va a estar bien ahora"?

¿O acaso se quedan paralizados, esperando ver qué sucederá mientras piensan: "¡Ay, ya llegó mamá!"?

Cuando usted cierra la puerta del auto y se escuchan sus pasos en la entrada de la casa, ¿se alegran sus hijos o viven un momento de incertidumbre, sin saber con qué actitud llegará su padre?

Su respuesta a estas preguntas determina qué posibilidad tienen sus hijos de aprender a adaptarse a circunstancias fuera de su control. En realidad, la manera en que usted controla sus emociones le comunica a sus hijos cómo pueden —o no pueden— hacer lo mismo. Cuanto más constantes y estables sean sus emociones, más probable es que sus hijos sigan su ejemplo.

◇ ◇ ◇

Las personas son tan felices como deciden ser.
—Abraham Lincoln

◇ ◇ ◇

Enseñe a sus hijos que los infortunios pueden convertirse en algo positivo. Anteriormente mencionamos a José, a quien sus hermanos vendieron como esclavo cuando era sólo un muchacho. Aunque José cuidó de ellos por mucho tiempo, al morir su padre, los hermanos temieron que él finalmente se vengaría de ellos. Así que le presentaron la mentira más convincente que pudieron crear: "Antes de morir, papá te dejó un mensaje diciendo que quería que nos perdonaras por haberte tratado tan mal" [véase Génesis 50:16- 17]. José pudo ver el temor de sus hermanos detrás de esa mentira. En su respuesta, él reveló su filosofía de vida: "Vosotros pensasteis hacerme mal, pero Dios lo encaminó a bien, para hacer lo que vemos hoy, para mantener con vida a mucha gente" (Génesis 50:20).

Aunque José sufrió esclavitud y encarcelamiento debido a las acciones de sus hermanos, no consideró esas experiencias como tragedias. Él vio más bien el panorama total, comprendiendo que Dios había usado las circunstancias para dirigirlo.

Dios usa medios inesperados para guiarnos adonde Él quiere que lleguemos en la vida. Muchas veces sus caminos no son los que nosotros escogeríamos, pero Dios utiliza las circunstancias de la vida para enseñarnos y moldearnos. Examine su propia vida. ¿Alguna vez ha experimentado situaciones que usted pensó que lo destruirían, pero después vio cómo Dios usaba esa tragedia o trauma en forma milagrosa? Comparta esas historias con sus hijos y enséñeles que Dios hará lo mismo con ellos.

Preguntas de estudio

◆ Piense en alguna experiencia negativa inesperada. ¿Qué hizo usted?

◆ ¿Recuerda algún problema que enfrentaron sus padres cuando usted era niño(a)? ¿Cómo reaccionaron? ¿Qué aprendió usted de esa situación?

◆ A veces la forma en que enfrentamos los problemas refleja nuestra personalidad. ¿Qué clase de persona es usted? ¿Le agradan los cambios y desafíos, o prefiere la seguridad?

◆ ¿Cree que alguno de sus hijos resistirá mejor los cambios en la vida? ¿Por qué?

◆ ¿Cómo puede mantener abiertas las líneas de comunicación con sus hijos mientras enfrenten cambios y desafíos en la vida?

3

DIFIERA SU GRATIFICACIÓN

◇ ◇ ◇

Sin disciplina, no existe vida.

—Katharine Hepburn

Yo *(Les Sr.)* tenía seis años de edad cuando recibí mi primera lección respecto a la gratificación diferida. Fue el año cuando recibí de regalo una hermosa carretita nueva, roja, con los lados laqueados y ruedas rojas. Fue la ocasión también cuando mi padre sugirió que vendiera mi vieja carretita de metal, más pequeña y algo oxidada. Lo hice. ¡Qué emoción sentí al tener dos dólares en mi bolsillo!

Mi padre sugirió entonces que fuéramos al banco. Allí, a la edad de seis años, recibí mi primera libreta de ahorros. Estaba casi tan orgulloso de tener una cuenta de ahorros a mi nombre como lo estaba de la nueva carretita. No entendí lo que dijo mi papá respecto a "interés" y "depósitos", pero eso me inició en un plan de ahorros que me enseñó el valor de la gratificación diferida.

Los beneficios de tal educación se vieron cuando empecé mi tercer año de universidad y pude comprar un auto nuevo —un Plymouth café de dos puertas— que pagué en efectivo. Para cuando Lora Lee y yo nos casamos, había ahorrado suficiente dinero para comprar muebles y artefactos eléctricos nuevos para nuestro pequeño apartamento. Desde entonces adoptamos un principio que siempre ha dirigido nuestras finanzas. Todos nuestros gastos, con excepción de la casa, se han basado en el dinero que teníamos disponible. Si no contamos con el dinero para pagar algo en efectivo, no lo compramos.

El principio de la gratificación diferida nos permite vivir libres de deudas. Pero, más importante aún, nos permite disfrutar de una vida victoriosa. La gratificación diferida ayuda a los estudiantes a sacar buenas calificaciones, hace posible que los jóvenes mantengan la pureza sexual y que los jóvenes adultos emprendan carreras dignas. Sobre todo, nos permite permanecer lejos del pecado y honrar a Cristo. Nos ayuda a experimentar la vida plena a la cual nos llama Dios. Finalmente, debido a la gratificación diferida, Dios nos dirá: "Bien, buen siervo y fiel".

Si nuestros hijos no aprenden a diferir la gratificación, carecerán de uno de los elementos importantes de la herencia familiar.

Qué significa la "gratificación diferida"

Todo aquel que ha comido primero la corteza del pan para después gozar del resto del sandwich sin las desagradables cortezas, sabe lo que significa la gratificación diferida. Ésta se experimenta cada vez que una persona intencionalmente soporta algo menos agradable —no importa cuán grande o pequeño sea— para gozar después de algo mejor. La gratificación diferida ocurre cuando pagamos algo ahora para disfrutarlo más adelante.

El dominio propio es un elemento central de esta cualidad. Por esta razón se puede enseñar. Meir Statman, profesor de finanzas de la Universidad de Santa Clara, en California, dice que todos tenemos la capacidad de aprender a dominarnos, así como podemos aprender otro idioma. Cuando los padres le enseñan a su hijo que debe esperar por algo que desea, dice él, ese niño aprende una lección muy valiosa.

Esa valiosa lección es la gratificación diferida.

Cuando yo era niño, mis padres me permitían cumplir mis quehaceres en la casa durante la semana; de ese modo podía dedicar el fin de semana a jugar. Si no los realizaba durante la semana, entonces el sábado tenía que barrer la cochera o limpiar la jaula de mi hámster, en lugar de estar en la playa con mis amigos. Sólo me tomó un par de semanas comprender que me convenía realizar mis quehaceres lo más pronto posible.

El principio me ha servido toda la vida. En el colegio mis amigos pronto se dieron cuenta de que yo hacía las tareas mucho antes de la fecha de entrega. ¿Por qué? Porque aprendí temprano el valor de la gratificación diferida.

◇ ◇ ◇

Siempre haga todo bien. Esto será gratificante para algunas personas y asombrará a las demás.
—Mark Twain

◇ ◇ ◇

Por supuesto, es posible tener demasiado de esta buena cualidad y llegar a extremos. Cuando yo *(Les III)* cursaba estudios de posgrado en la universidad y estaba escribiendo mi disertación, sobre mi computadora tenía un letrero que decía: "Algunas personas pasan toda la vida preparándose indefinidamente para vivir". Estas palabras de Abraham Maslow se referían al equilibrio que debemos mantener al diferir la gratificación. Ese letrero estuvo allí casi cinco años, recordándome que no prolongara demasiado la espera. Hay tiempo para diferir y tiempo para gozar. Todo forma parte de la enseñanza del fino arte de esta importante cualidad.

Por qué es importante la gratificación diferida

En un estudio clásico realizado por Walter Mischel, profesor de sicología de la Universidad de Columbia, el investigador les ofrecía a niños de cuatro años una opción. Les decía que podían comerse un bombón de inmediato, o si esperaban a que él regresara al salón después de hacer un recado rápidamente, podrían comer dos bombones en lugar de uno. Entonces salía del salón dejando un bombón al alcance de cada niño.

Era un suplicio para cada uno de esos niños. Algunos se tapaban los ojos. Otros cantaban. Y otros se rendían. Pero sin saberlo, todos habían participado en una prueba de su disposición para diferir la gratificación.

Los investigadores continuaron observando a esos niños durante sus años de crecimiento. Con el tiempo, el estudio determinó el poder indiscutible de la gratificación diferida. La conclusión fue la siguiente: Los niños que difirieron la gratificación para recibir después una mayor recompensa, demostraron más adelante cualidades de carácter más positivas. Se adaptaban mejor, poseían más confianza en ellos mismos, su vocabulario era más amplio, obtenían puntajes más altos en las pruebas de aptitud, establecían relaciones más firmes y después conseguían mejores empleos que los niños que no controlaron el deseo de comer de inmediato un bombón, aunque después hubieran podido comer dos.

El objetivo del experimento no fue probar que algunos niños están predestinados a ser mejores que otros. Más bien demostró que los que aprenden a diferir la gratificación tienen ventaja sobre los que no aprenden a hacerlo.

La Palabra de Dios parece estar de acuerdo. En muchos de los personajes notables de las Escrituras vemos la gratificación diferida. Moisés, por ejemplo, entendió lo que significaba sustituir sus deseos egocéntricos con metas santas. "Por la fe Moisés, hecho ya grande, rehusó llamarse hijo de la hija del faraón, prefiriendo ser maltratado con el pueblo de Dios, antes que gozar de los deleites temporales del pecado" (Hebreos 11:24- 25). Noé es otro ejemplo clásico de la gratificación diferida. "Por la fe Noé, cuando fue advertido por Dios acerca de cosas que aún no se veían... preparó el arca en que su casa se salvaría" (Hebreos 11:7).

Abraham sobresalió en cuanto a la gratificación diferida. Jacob trabajó siete años para recibir a su esposa. Las enseñanzas de Jesús, especialmente las del Sermón del Monte, tienen múltiples referencias a la gratificación diferida (véase Mateo 5:23-24; 6:33). Casi todas las cartas que escribió Pablo a las jóvenes iglesias eran expresiones de gratificación diferida, hasta que él pudiera visitarlas en persona. Por último, la segunda venida de Cristo es un ejercicio prolongado de la gratificación diferida para todos los creyentes.

¿Es realmente importante esta cualidad de carácter? Más de lo que piensa la mayoría de la gente.

Cómo inculcar esta cualidad a nuestros hijos

Usted puede encontrar numerosas maneras de ayudar a su hijo para que aprenda a diferir la gratificación. Algunas tienen que ver con la administración del dinero, otras se enfocan en las tareas de la escuela o los quehaceres en la casa. Determine cuáles son las más apropiadas en su hogar y para la personalidad de sus hijos. A continuación le ofrecemos algunos principios generales que pueden servirle como guía.

◇ ◇ ◇

Una autoimagen saludable consiste en verse a usted mismo como Dios lo ve, nada más ni nada menos.

—Josh McDowell

◇ ◇ ◇

Subraye el valor de diferir. Recientemente vino a mi oficina *(habla Les III)* un hombre de casi 30 años de edad a quien la mayoría de la gente describiría como inmotivado y perezoso. Sus padres le habían dado virtualmente todo lo que necesitaba y deseaba. Nunca había tenido que trabajar. Cuando cumplió 16 años de edad, recibió un coche deportivo nuevo. Sus padres pensaron que tal vez eso lo ayudaría a "sentirse mejor" y a estudiar más. Sin embargo, abandonó el colegio antes de ingresar al último año y, con el fondo fiduciario depositado por su padre, se pasaba la mayor parte del tiempo esquiando en las montañas nevadas de Colorado. No tenía necesidad de trabajar ni preocupaciones respecto al dinero.

Él vino en busca de ayuda porque estaba confundido. No sabía qué hacer con su vida. Sus amigos eran ya profesionales, pero él no tenía casi nada que incluir en su currículo de vida. ¿Por qué? Porque durante la mayor parte de su vida se lo habían dado todo. Había conseguido lo que deseaba tan pronto como lo pedía. No tenía idea de lo que significaba la gratificación diferida.

Sus hijos tal vez no corran el riesgo de estar libres de toda preocupación financiera, como mi cliente rico. Pero si usted no les recalca lo que significa "esperar", nunca aprenderán el valor de ese principio. Muéstreles, con su propia conducta y ejemplo, lo valioso que es diferir la gratificación.

Cumpla su palabra. En su libro *Lessons from a Father to His Son* (Lecciones de un padre para su hijo, 1998), John Ashcroft escribió acerca de Michael Jordan, el famoso jugador de baloncesto. Jordan nunca ha sido el jugador mejor pagado de la Asociación Nacional de Baloncesto de los Estados Unidos. Cuando le preguntaron por qué no exigía más dinero del que estipulaba su contrato como hacen otros jugadores, respondió: "Siempre he cumplido mi palabra. Me interesaba la seguridad. Firmaba contratos de seis años y siempre los he cumplido. La gente decía que me pagaban menos de lo que merecía, pero al firmar el contrato, di mi palabra".

Tres años después, cuando varios jugadores famosos se negaron a cumplir sus contratos, un reportero le preguntó otra vez a Jordan si haría lo mismo para que le pagaran más. Él le explicó que si sus hijos veían que el papá no cumplía su promesa, no podría continuar enseñándoles a cumplir su palabra. Al no pedir la renegociación de su contrato, Michael Jordan les enseñó una valiosa lección a sus hijos: "Cumplan su palabra aun cuando eso tal vez no los beneficie". Como Ashcroft agregó, su silencio se convirtió en un poderoso mensaje.

Al verle cumplir su palabra, cuando bien hubiera podido elegir una opción más fácil, sus hijos no podrán ignorar las ventajas de la gratificación diferida.

◇ ◇ ◇

Buscad primeramente el reino de Dios... y todas estas cosas os serán añadidas.
—Mateo 6:33

◇ ◇ ◇

Dé ejemplo de la gratificación diferida en cosas pequeñas. Hace muchos años, un niño de 10 años entró en una heladería y, sentándose frente al mostrador, le preguntó a la mesera:

—¿Cuánto cuesta un helado con fruta?

—Cincuenta centavos —contestó ella.

Entonces el niño sacó de sus bolsillos un puñado de monedas y comenzó a contar. La mesera quería atender a otros clientes que esperaban —y que tenían más dinero— pero el niño volvió a preguntar:

—¿Cuánto cuesta el helado sin fruta?

—Treinta y cinco centavos —respondió con impaciencia.

Después de contar su dinero otra vez, el niño pidió el helado simple y puso los 35 centavos sobre el mostrador. La mesera tomó las monedas, le sirvió el helado y se alejó dando muestras de fastidio.

Después que se fue el niño, la mesera fue a recoger el plato vacío y quedó sorprendida. En el lugar húmedo donde había estado el plato, encontró 15 centavos. El niño tenía suficiente dinero para pagar el helado con fruta, pero renunció a esa opción a fin de que le quedara suficiente dinero para la propina.

Probablemente el niño había visto a sus padres actuar de esa manera. Le habían enseñado que se debía dejar una buena propina. Y, para hacer lo que era correcto, renunció a lo que hubiera podido disfrutar. Más adelante en la vida, un niño como él podrá aplicar la gratificación diferida tanto en asuntos grandes como pequeños.

Cumpla su parte del trato. Si usted, como padre, le promete a su hijo una recompensa mayor si soporta algo ahora, entréguele esa recompensa. Y ésta debe valer la pena por la espera. De lo contrario, su hijo no querrá diferir su gratificación otra vez.

Nunca olvidaré el nudo que sentí en el estómago *(habla Les Sr.)* al saber que tendría que cancelar el viaje que había planeado hacer con Les III. Él estaba en la secundaria y, ya que me habían invitado a predicar en Hawai, había prometido llevarlo si él podía adelantar las tareas del colegio y conseguir permiso de sus maestros para ausentarse por una semana.

Les III trabajó mucho. Planificó sus estudios durante varias semanas para no atrasarse cuando regresara. Incluso planeó con un profesor un proyecto especial de ciencia, para el cual recogería muestras de lava en una de las islas que visitaríamos. Pero uno o dos días antes del viaje me enfermé y el médico dijo que debía quedarme en casa.

¡Qué noticia tan terrible para Les! Se había esforzado tanto y no recibiría ninguna recompensa por su arduo trabajo. Traté de compensarlo lo mejor que pude y después disfrutamos juntos de otro viaje. Pero nada —excepto la enfermedad— hubiera podido evitar que cumpliera mi parte del trato. El Dr. Mischel, el investigador que usó los bombones, dijo: "A menos que los niños aprendan a creer que vale la pena esperar, no lo harán".

Por tanto, escoja con cuidado lo que va a prometer y siempre haga todo lo posible para cumplir su palabra. A propósito, la recompensa debe ser algo que su hijo realmente desee, no lo que usted piensa que debería desear.

PREGUNTAS DE ESTUDIO

◆ ¿Le dieron ejemplo sus padres de la gratificación diferida? ¿Cómo influyó en usted que ellos practicaran o no practicaran la gratificación diferida?

◆ Piense en alguna ocasión cuando usted puso en práctica la gratificación diferida. ¿Cuáles beneficios le aportó a su vida?

◆ ¿Cuáles son las cualidades que la gratificación diferida desarrolla en nuestra vida? ¿Cuáles desarrolla en nuestra vida espiritual?

◆ Haga una lista de maneras en que puede enseñarles a sus hijos, en diferentes edades, acerca de la gratificación diferida.

◆ ¿Cuáles ejercicios de gratificación diferida podrían poner en práctica usted y sus hijos?

4

VEA EL VASO MEDIO LLENO

◇ ◇ ◇

Sólo con el corazón vemos correctamente;
lo esencial es invisible al ojo físico.

—Antoine de Saint-Exupèry

Al observar el salón para banquetes, me alegró ver a personas que habían hecho un gran esfuerzo para asistir a la cena para recaudar fondos *(habla Les Sr.)*. Las mesas estaban llenas. Casi todos los asistentes parecían estar animados y felices de estar allí. Las risas con frecuencia opacaban la conversación.

Pensando en las contribuciones que tanto necesitábamos, me dirigí al presidente y le dije: "Realmente vinieron muchas personas. Creo que llegaremos a nuestra meta".

Sin cambiar su expresión, él respondió: "Yo estaba pensando más bien en toda la gente que *no* vino".

Dos personas del este que visitaban el estado de Oregon escribieron cartas el mismo día de marzo. Uno escribió: "Es un día hermoso en Oregon", mientras que el otro escribió: "Este es el primer día en que estamos viendo el sol en un mes".

Los dos dijeron la verdad pero sus perspectivas eran distintas. Uno era optimista y el otro pesimista.

¿En qué se diferencian el optimista y el pesimista? En su punto de vista en cuanto a la realidad. Por ejemplo, si tiene un vaso lleno de agua y derrama la mitad del líquido, el optimista verá el vaso medio lleno. El pesimista, por el contrario, lo verá medio vacío. Ambos están en lo correcto —sólo tienen perspectivas diferentes.

Cuando el presidente y yo hablamos acerca de la gente que fue al banquete, yo veía el vaso medio lleno al observar a toda la gente que estaba allí. Pero el presidente veía el vaso medio vacío al pensar en todos los que *no* habían asistido.

◇ ◇ ◇

Aquel que es feliz hará feliz también a los demás.
—Anne Frank

◇ ◇ ◇

Todo lo que sucede en nuestro mundo privado es procesado por la mente y destilado a través de las emociones. Sólo después de este proceso automático, que comprende dos etapas, decidimos si nos enfocaremos en las probabilidades positivas o en los aspectos negativos. Esto marca una gran diferencia en la clase de vida que nos caracteriza.

Qué significa "ver el vaso medio lleno"

Antes de hablar sobre los valores fundamentales, un pastor de jóvenes le preguntó a su grupo: "¿Qué harían ustedes si el doctor les dijera que sólo les quedan 24 horas de vida?"

Los jóvenes respondieron que estarían con amigos y con la familia, y la discusión parecía ir en la dirección correcta. Pero ésta se desvió cuando Jason, de 13 años de edad, dijo: "Pediría una segunda opinión". El muchacho era optimista.

Quizá haya oído usted la historia acerca de dos vendedores de zapatos. Una fábrica de zapatos, deseando expandirse a una nueva región, envió a dos empleados para que estudiaran las posibilidades de hacer negocio allí. Uno de los vendedores envió su informe a la oficina diciendo: "Aquí no hay esperanza. Nadie usa zapatos".

Sin embargo, el informe del otro hombre fue optimista: "Una tremenda oportunidad de negocio. Tan pronto como puedan envíen más vendedores y el embarque más grande posible. Este es un territorio increíble para conseguir clientes. ¡Nadie usa zapatos todavía!"

Casi todos ven la vida con uno de estos puntos de vista: optimismo o pesimismo. Es fácil identificarlos. Los pesimistas por lo general esperan lo peor y son propensos a la depresión. Los optimistas ven la vida con una perspectiva positiva y consideran los problemas como obstáculos temporales.

◇ ◇ ◇

El mayor descubrimiento de mi generación
es que el ser humano puede transformar
su vida si cambia de actitud.
—William James

◇ ◇ ◇

Martin Seligman, una renombrada autoridad sobre el tema, dice en su libro *Learned Optimism* (Optimismo aprendido, 1998): "Después de 25 años de estudio e investigación estoy convencido de que si habitualmente creemos —al igual que los pesimistas— que los infortunios son culpa nuestra, que son duraderos y que minarán todo lo que hagamos, nos acontecerá mucho de lo que tememos, lo cual no sucedería si no pensáramos así".

Es decir, las personas que ven el vaso medio vacío, en lugar de medio lleno, probablemente siempre perciban más desgracias en su vida.

Los que ven el vaso medio lleno, por el contrario, enfrentan cada día con pensamientos optimistas que producen resultados positivos. Buscan lo bueno en cada situación. Encuentran algo por lo cual dar gracias mientras que otros se ahogan en la autocompasión. Su perspectiva es positiva y la gente a su alrededor lo sabe.

Me alegra que Dios nos haya dado la opción de escoger cómo vemos nuestro mundo. Y me alegra que mis padres nos hayan enseñado el potencial de ver el vaso medio lleno.

Por qué es importante ver el vaso medio lleno

El optimismo es importante porque, sin él, es más probable que la persona sufra de severa depresión. Según los profesionales que tratan la salud mental, estamos experimentando una epidemia de depresión en la sociedad. La depresión es 10 veces más frecuente ahora que hace 50 años; además, empieza 10 años antes en la vida en comparación con la generación anterior. Esto significa que ninguna edad queda exenta: niños, adolescentes, adultos y ancianos.

◇ ◇ ◇

Las actitudes pueden hacer que la misma experiencia sea agradable o dolorosa.
—John Powell

◇ ◇ ◇

Los analistas nos dicen que el problema empeorará dentro de los próximos 10 a 20 años. En gran parte se debe al pesimismo habitual. Esta es razón suficiente para enseñar a nuestros hijos a ver el vaso medio lleno. Pero hay más.

El pesimismo conduce al sentimiento de desamparo. Hace 20 años la Universidad de Pennsylvania hizo un experimento con perros, colocándolos en una caja grande que tenía una barrera de madera en medio. En un lado el suelo estaba electrificado con un dispositivo de poco voltaje, lo suficientemente fuerte como para activar a los perros pero que no los lastimara. Al administrar el choque eléctrico, la mayoría de los perros saltaban sobre la barrera de madera hacia el lado que no estaba electrificado. Sin embargo, algunos perros no hacían ningún esfuerzo para escapar; simplemente permanecían echados en el suelo electrificado y gemían.

Al principio los investigadores estaban confundidos con la actitud de estos perros. No entendían por qué no saltaban para evitar el choque de electricidad. Sin embargo, después se enteraron de que los perros que rehusaban escapar habían sido utilizados en un experimento anterior. En éste se había electrificado el suelo en ambos lados de la barrera y no tenían a dónde escapar. Probablemente, al sentirse desvalidos, los perros se dieron por vencidos. Sólo se tiraban en el suelo, recibían los choques eléctricos y gemían. Los investigadores llegaron a la conclusión de que los perros eran víctimas del desamparo aprendido. En los años siguientes, los investigadores concluyeron mediante otros experimentos que los humanos carentes de optimismo son tan susceptibles al desamparo aprendido como los animales.

◇ ◇ ◇

El Señor... me da la libertad de reconocer mis actitudes negativas ante Él, pero no la libertad de expresarlas, porque son tan destructivas para mí como para los demás.

—Rebecca Manley Pippert

◇ ◇ ◇

Ver el vaso medio lleno no sólo es importante por lo que nos ayuda a evitar. También es importante por lo que nos ayuda a alcanzar. Consideremos un ejemplo del mundo de los negocios, descrito por Martin Seligman en *Learned Optimism* (Optimismo aprendido). Una prestigiosa compañía de seguros exigía un examen estándar a todos los que desearan trabajar como sus vendedores. Luego entrevistaban a los que quedaban entre el 50 por ciento de los candidatos con puntajes más altos y empleaban a muchos de ellos. Sin embargo, la mitad renunciaba en el primer año.

Los directores de la compañía agregaron un examen estandarizado que determinaba el optimismo y el pesimismo. Cuando los administradores revisaron los exámenes de los optimistas y los pesimistas, encontraron la explicación del problema. Los optimistas vendían 37 por ciento más que los pesimistas, aunque todos habían recibido la misma capacitación y vendían los mismos productos. Los que estaban entre el 10 por ciento formado por los optimistas vendían 88 por ciento más que los pesimistas.

Cómo inculcar esta cualidad a nuestros hijos

El "estilo explicativo" es el modo en que la persona ve e interpreta el mundo. Los expertos afirman que esta característica se desarrolla temprano en la vida. De niños aprendemos a explicarnos a nosotros mismos lo que ocurre; por ejemplo, las circunstancias del hogar o lo que sucede mientras jugamos. Estas ideas se arraigan desde la niñez a medida que desarrollamos hábitos para explicarnos por qué suceden ciertas cosas. Y esas explicaciones son casi siempre optimistas o casi siempre pesimistas. He aquí algunas estrategias con las que puede ayudar a su hijo si por lo general se muestra pesimista.

No deje que las cosas pequeñas se hagan grandes. Según la Oficina de Normas de Estados Unidos, una niebla densa de 30.5 metros de profundidad que cubre siete manzanas de una ciudad, contiene menos líquido que un vaso lleno de agua.

A veces permitimos que una cantidad pequeña de preocupación empañe totalmente nuestro campo de visión. Un incidente insignificante, tal como el comentario negativo de un desconocido, puede arruinarle todo el día a algunas personas. Una calificación baja en un examen puede hacer que un niño dude de su capacidad intelectual. Como la niebla, las preocupaciones pueden impedir por completo que veamos la luz de las promesas de Dios. Pero, también como la niebla, las preocupaciones muchas veces no tienen mucha base real.

◇ ◇ ◇

Piense que es fácil y será fácil.
Piense que es difícil y será difícil.
—Proverbio árabe

◇ ◇ ◇

Ayude a sus hijos a mirar las cosas de modo realista y a determinar las situaciones en lugar de llenarse de pánico.

Procure ver lo que otros no ven fácilmente. La autora y conferencista Bárbara Johnson cuenta de una mujer a quien no le iba muy bien cierto día. Se quedó dormida y llegó tarde al trabajo. Las fechas tope en la oficina la tenían angustiada. Para cuando llegó a la parada del autobús a la hora de regresar a la casa, sentía que su estómago estaba hecho un nudo. El autobús, además de estar atrasado, iba lleno, así que ella tuvo que viajar de pie todo el tiempo. Como dice Bárbara: "El día pronto concluiría pero no parecía mejorar".

Entonces la mujer oyó la voz de un hombre que iba al frente del autobús. "Qué día tan hermoso, ¿verdad?" Debido a la multitud no podía verlo, pero continuó oyendo su voz mientras comentaba sobre todo lo que se encontraba en la ruta del autobús y que aumentaba su alegría: una iglesia aquí, una heladería allá, una cancha de béisbol aquí, una biblioteca allá. Los pasajeros comenzaron a relajarse y a gozar del paseo, incluyendo a aquella mujer. El entusiasmo del hombre era tan contagioso que ella también empezó a sonreír. Cuando el autobús llegó a la parada en la que la mujer debía bajar y caminó hacia la puerta, cerca del frente del autobús vio al "guía turístico": un hombre con lentes oscuros y un bastón blanco. Era ciego.

Mientras bajaba del autobús, la mujer comprendió que Dios había utilizado a una persona ciega para ayudarla a ver el vaso medio lleno. Usted puede hacer lo mismo con su hijo ayudándole a ver cosas positivas aun en los días más desalentadores.

◇ ◇ ◇

La calidad de su vida no la determina tanto lo que ésta le ofrezca, sino la actitud que usted le ofrezca a la vida; no tanto lo que le suceda a usted sino la forma en que su mente observe lo que sucede.

—John Homer Miller

◇ ◇ ◇

Dé gracias por todo. En el libro *El refugio secreto*, Corrie ten Boom relata un incidente que le enseñó el principio de dar gracias en todo. Durante la Segunda Guerra Mundial la familia ten Boom escondía a judíos en su casa. Después de un tiempo los descubrieron y los arrestaron. Corrie y su hermana Betsie fueron enviadas al campo de concentración de Ravensbruck.

Las barracas en las que vivían estaban atestadas de gente e infestadas de pulgas. A Corrie le desagradaba el apiñamiento y sobre todo odiaba las pulgas. Una mañana, al leer 1 Tesalonicenses 5:18 en su ajada Biblia, ese versículo les hizo recordar a Corrie y Betsie que debían regocijarse en toda circunstancia: "Dad gracias en todo, porque esta es la voluntad de Dios para con vosotros en Cristo Jesús".

Betsie dijo: "Corrie, tenemos que dar gracias por estas barracas y aun por las pulgas".

La respuesta de Corrie fue: "No puedo darle gracias a Dios por las pulgas". Pero Betsie era persuasiva y, con renuencia, Corrie le agradeció a Dios hasta por las pulgas.

Durante los siguientes meses Corrie y Betsie se dieron cuenta de que los guardias evadían las barracas en las que estaban ellas. Eso era extraño porque constantemente molestaban a las mujeres de los otros edificios. Gracias a esa relativa libertad ellas podían realizar estudios bíblicos, hablar abiertamente del cristianismo e incluso orar en las barracas. Estas llegaron a ser su lugar de refugio. Varios meses después se enteraron de que las molestosas pulgas eran la razón por la que los guardias nunca entraban en esas barracas. Y como éstas estaban atestadas, las dos hermanas pudieron compartir el mensaje del amor de Dios con un mayor número de mujeres.

◇ ◇ ◇

Soy viejo y he conocido muchos problemas, pero la mayoría de ellos nunca ocurrieron.
—Mark Twain

◇ ◇ ◇

La historia de Corrie es un ejemplo de que la actitud de gratitud puede ayudarnos en medio de situaciones negativas. Y aunque quizá nunca tengamos que soportar condiciones tan inhumanas, enfrentaremos circunstancias en las que tendremos todo derecho de sentirnos desalentados y descorazonados. Pero, en esos momentos, podemos mostrar la capacidad de adaptarnos a lo que está fuera de nuestro control. Y cuando los hijos ven que la mamá o el papá hacen eso, lo recuerdan por mucho tiempo. Así que no menosprecie las lecciones que puede enseñar a sus hijos acerca de esta cualidad cuando da gracias en toda circunstancia.

PREGUNTAS DE ESTUDIO

◆ ¿Es siempre bueno ser optimista?

◆ ¿Tiende usted a ver el vaso medio lleno o medio vacío?

◆ ¿Cómo podemos enseñar a los niños a ser realistas en cuanto a sus temores sin mostrarnos insensibles a sus sentimientos?

◆ ¿Puede recordar alguna situación en la que usted haya dado gracias aunque las circunstancias parecían malas? ¿Cuál fue el resultado? ¿Qué aprendió de la situación?

◆ Cuando su hijo muestra una perspectiva negativa, ¿qué puede hacer usted para ayudarle a cambiar de actitud?

5

RESÉRVESE SU OPINIÓN CUANDO SEA NECESARIO

◇ ◇ ◇

Siéntase satisfecho con hacer el bien y deje
que los demás hablen de usted como quieran.

—Pitágoras

uando estaba en tercer grado de primaria *(habla Les III)*, mi padre y yo leímos juntos acerca de los mitos que se le atribuyen a Paul Bunyan. Él era un legendario habitante del bosque en la cabecera del río Mississippi en Minnesota. De acuerdo con la leyenda, era más alto y más fuerte que cualquier otro hombre de los bosques. Al sonido de su voz, las aves cesaban de cantar y las hojas de los árboles temblaban. Todos hacían lo que él ordenaba, excepto un hombre.

Había un leñador que constantemente gritaba, criticando a otros con actitudes y palabras blasfemas. Realmente crispaba los nervios hasta de los rudos leñadores que, por lo general, no se inmutaban al oír malas palabras.

Paul Bunyan le ordenó a ese leñador que cambiara de actitud, pero sin éxito alguno. Entonces Bunyan recurrió a la persuasión física. Golpeó al hombre sin piedad alguna, pero éste no cambió su lenguaje. Paul Bunyan suplicó, aduló, amenazó, sobornó y, con todos los medios que conocía, intentó poner fin a las terribles explosiones de lenguaje ofensivo, pero fue inútil. Entonces sucedió algo que cambió todo.

Un invierno hizo tanto frío en Minnesota que el mercurio del termómetro se quedó en el fondo, incapaz de indicar temperaturas que llegaban a varios grados bajo cero en la escala de Fahrenheit. El frío extremo congelaba cada palabra en el aire en el momento en que se pronunciaba. Al ver las palabras congeladas que caían a la tierra, a Paul Bunyan se le ocurrió una idea. Pidió a sus ayudantes que recogieran y juntaran todas las palabras congeladas del leñador ofensivo hasta que llegara la primavera. Cuando el frío del invierno dio paso a los cálidos rayos del sol, elevando las temperaturas sobre cero, Paul Bunyan hizo que el leñador se sentara y escuchara cada palabra insultante que había expresado durante el invierno. Según la leyenda, ese hombre nunca más dijo otra palabra ofensiva.

La historia de Paul Bunyan es mito. Sin embargo, leí un informe acerca de la posibilidad de recoger palabras que todavía flotan por el universo. Algunos científicos dicen que, con los avances tecnológicos, podríamos tomar del aire discursos y conversaciones que pusieron en movimiento las ondas sonoras hace cientos o aun miles de años. Teóricamente, las palabras de Lincoln en Gettysburg, o las de nuestro Señor en el Sermón del Monte, todavía están flotando por el cosmos.

Por imposible que parezca esta idea, es magnífica y aterradora a la vez. Se dicen muchas cosas que sería mejor olvidar, pero las palabras tienen vida propia. Una vez que se expresan, nunca se pueden borrar. Y cuando nos escuchamos a nosotros mismos, a veces no nos gusta lo que oímos. Nuestras conversaciones a menudo están cargadas de críticas insensibles e impulsivas, y muy rara vez salpicadas de elogios.

Qué significa "reservarse su opinión"

Un cálido día de agosto en la década de los años 1970, en las audiencias del caso Watergate, Alexander Butterfield arrojó una bomba al declarar que la Oficina Oval de la Casa Blanca en

Washington, D.C., estaba intervenida con equipo sofisticado de grabación. Una marejada emocional se extendió por todo el país. Esa noche, la historia principal de los noticieros de televisión fue el terrible acto que había cometido el presidente de los Estados Unidos al instalar micrófonos ocultos en la Oficina Oval. Las ediciones siguientes de los periódicos *Washington Post, New York Times, Chicago Tribune, Boston Globe* y los demás diarios, grandes y pequeños, mostraban grandes titulares acerca de la intervención de la oficina presidencial. Los micrófonos ocultos se convirtieron en una obsesión nacional. Cuando se reunían dos personas, ya fuera en programas de televisión o en un restaurante, casi siempre hablaban de las grabaciones. Todas las conversaciones públicas y privadas tocaban el tema del "ala oeste" de la Casa Blanca. ¿Eran las cintas del presidente o de otra persona? Si eran de él, ¿por qué no las destruyó? Si eran nuestras, ¿por qué no las podíamos escuchar? ¿Qué ocurrió con los 18 minutos cruciales de cinta que desaparecieron misteriosamente del carrete? Aun los comediantes incluían en sus programas el tema de los micrófonos ocultos. Recuerdo *(habla Les Sr.)* haber oído a un cómico decir que el presidente había celebrado el cumpleaños del vicepresidente enviándole 12 micrófonos con cable largo.

◇ ◇ ◇

> ## *Los sabios hablan porque tienen algo que decir; los tontos, porque tienen que decir algo.*
> ### —Platón

◇ ◇ ◇

En casa enfrentamos también el problema de la intervención. Una noche, mientras comíamos, escuché un extraño "clic" que provenía del arreglo floral que había en el centro de la mesa. Entonces Les III sacó de allí un micrófono y con aire triunfal anunció que había grabado toda nuestra conversación. Después insistió en que escucháramos lo que habíamos dicho, especialmente acerca de él.

Esa experiencia hizo pensar a la familia. ¿Qué sucedería si tuviéramos micrófonos ocultos y después escucháramos nuestras conversaciones? ¿Qué pensaríamos al oír otra vez todo lo que hemos dicho en las últimas 24 horas? La pregunta era: "Si grabaras todo lo que dices, ¿qué oirías?" Y esa pregunta toca la esencia de este capítulo. Cuando decimos que reservarnos nuestra opinión es una cualidad de carácter, significa que debemos estar conscientes de las palabras que expresamos y corregir los comentarios inútiles.

No es fácil hacerlo. Como dice Santiago 3:2: "Todos ofendemos muchas veces. Si alguno no ofende de palabra, es una persona perfecta, capaz también de refrenar todo el cuerpo". Pero es necesario que aprendamos a disciplinar lo que decimos si queremos dejar una herencia de amor a nuestros hijos.

Por qué es importante "reservarse su opinión"

El sábado 26 de abril de 1986, poco después de la medianoche, los trabajadores realizaban el mantenimiento de rutina en la planta de energía atómica de Chernobyl, en el noreste de Ucrania. De pronto, una poderosa sobrecarga eléctrica atravesó temporalmente el reactor N.º 4, produciendo vapor e hidrógeno, lo que culminó en una explosión masiva. Una nube de más de 1.5 km. de altura cubrió gran parte de la Unión Soviética y Europa durante 10 días, dejando caer lluvia nuclear.

◇ ◇ ◇

Viva con los humanos como si Dios lo viera,
y háblele a Dios como si los humanos lo oyeran.

—Atenodoro

◇ ◇ ◇

En 1993 fui testigo (*habla Les III*) de la devastación que este accidente produjo en esa región y en su gente. En una misión humanitaria de la organización *World Vision International*, me enviaron a Chernobyl para ayudar a los que no habían respondido al tratamiento para su curación física. Recorrí un territorio destruido que requerirá miles de años para ser restaurado. Hablé con niños que eran víctimas de este desastre. Los niños fueron los más afectados porque la mayoría de ellos estuvieron afuera durante la lluvia ácida y, siendo más pequeños sus cuerpos, ingirieron un porcentaje mayor de veneno. Como consecuencia, muchos de ellos padecían de diversas formas de cáncer debido a los productos químicos dañinos.

Además de hablar con los niños que sufrían, escuché a sus padres desesperados. Hablé con médicos valientes y vi cómo era la vida en la "zona muerta" de Chernobyl. La vida nunca más volverá a ser simple y sencilla para dos millones de residentes de Belarús. Debido a que la lluvia química se impregnó en la tierra, sus productos alimenticios todavía están afectados. La gente sigue expuesta a diario a niveles de radiación imposibles de medir.

Al reflexionar en mi desgarradora experiencia en la región contaminada de Chernobyl y continuar mi trabajo como sicoterapeuta en los Estados Unidos, ayudando a familias con problemas, he comprendido lo siguiente: Así como la tierra y el aire son envenenados por la radiación, también el corazón y la mente del ser humano son envenenados por las actitudes de crítica.

◇ ◇ ◇

***Es difícil aceptar la crítica sincera,
sobre todo si proviene de un familiar,
un amigo, un conocido o un extraño.***
—Franklin P. Jones

◇ ◇ ◇

En algunos hogares se utilizan las palabras como armas para destruir el espíritu humano. Esos misiles verbales atacan casi todo lo que tiene que ver con la persona: posesiones, conducta, apariencia, inteligencia o aun su valía como persona. Santiago escribió que la lengua del ser humano está "llena de veneno mortal" (Santiago 3:8).

Así como la radiación destruye el sistema inmunológico, las palabras tóxicas destruyen el alma. En su forma extrema, ese uso de palabras tóxicas se conoce como abuso verbal. Llueve con declaraciones tales como: "Nunca serás algo en la vida", "¿Acaso nada puedes hacer bien?" o "Eres el ser más despreciable que haya recorrido la faz de la tierra jamás".

El abuso verbal, dicen muchos expertos, es tan destructivo como el maltrato físico. Ambos producen devastación emocional.

La toxicidad verbal, sin embargo, a veces se dispensa en forma sutil. Disfrazamos las críticas con lo que llamamos "sentido del humor". Después de hacer alguna declaración cruel, la gente trata de eludir su responsabilidad diciendo: "Sólo bromeaba". O lanzamos el dardo venenoso con algún consejo "útil" que, en realidad, es una ingeniosa crítica. A veces no prestamos atención a alguien para expresarle nuestra desaprobación. No importa su forma, la crítica envenena el alma así como un desastre nuclear envenena un territorio.

Cómo inculcar esta cualidad a nuestros hijos

Puesto que a todos nos duele recibir críticas, me sorprende que la mayoría de nosotros estemos tan prestos a criticar a los demás, incluso a los que más amamos. Pareciera movernos el impulso irresistible de encontrar defectos. Pascal dijo: "Encontramos defectos hasta en la perfección misma". Por esa razón, nuestras sugerencias para inculcar esta cualidad en el niño se enfocan mayormente en cómo puede usted dar ejemplo no hablando en forma crítica.

Distinga entre la persona y su comportamiento. Su hijo debe verle reconocer que lo que la gente *hace* no equivale a lo que *es*. Esto requiere mucha diligencia de su parte. Si no lo está haciendo aún, enfoque su atención en lo que las personas hacen y no en lo que usted cree que son. Es decir, describa las acciones y no el carácter de las personas. Una buena técnica para lograrlo consiste en usar adverbios (que describen las acciones de la persona) en lugar de adjetivos (que describen las cualidades de la persona). Por tanto, al hablar con su hijo acerca de alguien de su trabajo (o, más importante aún, cuando sabe que está escuchando su diálogo con otro adulto), diga que la persona "habló mucho en la junta", en lugar de decir que "es un bocón".

Ofrezca críticas útiles, no dañinas. Hay ocasiones cuando tenemos que dar una guía constructiva. Por supuesto, será necesario que confronte a su hijo si actúa irresponsablemente. Pero la manera en que exprese la corrección determinará si él le escuchará y obedecerá. Henry Ward Beecher dijo: "Ningún hombre puede señalarle a otro sus faltas para beneficiarlo, a menos que lo ame".

La idea no es que descartemos el pensamiento crítico y que simplemente lo aceptemos todo sin discernir los valores. Más bien, que nuestras críticas sean útiles, sin dañar en el proceso la autoimagen de la persona. El apóstol Pablo entendía muy bien esto cuando escribió: "Así que, ya no nos juzguemos más los unos a los otros, sino más bien *decidid* no poner tropiezo u ocasión de caer al hermano" (Romanos 14:13, itálicas añadidas). Acostúmbrese a expresar sus sentimientos sin poner tropiezos en la vida de su hijo.

Si no puede decir algo bueno... Quizá su madre haya tratado también de grabar este refrán en su cerebro: "Si no puedes decir algo bueno, no digas nada". Debemos poner en práctica este dicho al tratar con nuestros hijos.

◇ ◇ ◇

Cuando maduramos un poco en la vida, nos damos cuenta de que la lengua del ser humano produce casi todo el daño en el mundo.
—Paxton Hood

◇ ◇ ◇

Es cierto que tratar con niños —de cualquier edad— a veces resulta frustrante. Cuando pasamos por esos momentos de enojo, quizá nos sintamos tentados a perder el control y a decir todo lo que pensamos. En momentos como esos, cuando no podemos controlar nuestra lengua, es mejor no decir nada. Tal vez parezca imposible de lograr, en especial cuando nuestras palabras sólo expresarían la verdad o cuando nuestros hijos definitivamente nos han provocado. Recuerde: No hay nada de malo en poner cierta distancia entre usted y su hijo hasta que pueda controlar su boca. Siempre es válido decir: "No puedo hablar de esto contigo ahora mismo. Lo discutiremos después".

El amor significa que a veces tenemos que pedir perdón. La persona perfecta puede controlar su lengua en todo momento. ¿Qué sucede si no somos perfectos? Deje que sus hijos vean que usted sabe que no es perfecto: Pida perdón por haber dicho algo que no era correcto, por haber perdido la compostura o por haber usado palabras hirientes.

Nuestros hijos entienden el problema de ser tentados a decir frases que hacen daño y de hablar cuando estamos enojados. Cuando admitimos que hicimos mal y que pecamos, no borramos las palabras malas que pronunciamos. Aún producirán consecuencias y no debemos tomarlas a la ligera. No obstante, les damos a nuestros hijos el ejemplo correcto al pedirles perdón cuando los hemos ofendido o maltratado con nuestras palabras.

Asimismo, aprenderán a ser amables si les enseñamos a pedir perdón cuando no controlan lo que dicen. Incluso cuando nos hablan en forma inapropiada a nosotros, debemos pedir que se disculpen.

◇ ◇ ◇

Hablar amablemente no daña la lengua.
—Proverbio francés

◇ ◇ ◇

Otra cosa que podemos hacer como padres es hacer algún comentario cuando la gente hable en forma impropia. Mientras ve un programa de televisión con su hijo, si algún personaje es grosero, no pase por alto el incidente. Hable con su hijo al respecto. Muchas estadísticas muestran la influencia que la música, las películas y la TV pueden ejercer en los niños cuando los padres no contradicen las actitudes incorrectas y las malas palabras que trasmiten los medios de comunicación.

Ayude a sus hijos a ver lo bueno en los demás. La mayoría de los padres se horrorizan cuando sus hijos hablan de las cosas que escuchan en los pasillos de la escuela. En estos días son pocos los padres que enseñan a sus hijos a hablar con cortesía y control. ¿Cómo podemos ayudar a nuestros niños a no expresarse mal de otros?

Dialogue con sus hijos acerca de lo que sus amigos les dicen a otros. Pregúnteles cómo se sintió la persona que fue herida verbalmente. Pregúnteles cómo se sentirían ellos si alguien les dijera lo mismo.

También podemos ayudarles enseñándoles cuánto nos valora Dios a cada uno de nosotros. En I Juan 4:21 se nos dice: "El que ama a Dios, ame también a su hermano". Hable con sus hijos de la manera en que tratamos a las personas que amamos y que debemos tratar a todos de la misma forma.

También aconséjeles que busquen lo bueno en los demás. Cuando encontramos características admirables, aun en aquellos a quienes es difícil amar, estamos dando el primer paso para aprender a mostrarles el amor de Dios.

PREGUNTAS DE ESTUDIO

◆ ¿Cuáles son algunos ejemplos bíblicos de personas que no controlaron su lengua?

◆ ¿Puede describir alguna ocasión en que las palabras de alguien le hirieron?

◆ ¿Recuerda alguna vez cuando se sintió mal por haber dicho algo inapropiado? ¿Qué hizo al respecto?

◆ ¿Cuándo se siente más tentado(a) a dirigirles a sus hijos palabras que no están de acuerdo con la semejanza a Cristo?

◆ Haga una lista de frases positivas y de aprobación que podría decirles a sus hijos.

6

PRACTIQUE LA DEDICACIÓN TOTAL

◇ ◇ ◇

Realice todo acto en su vida como si fuera el último.

—Marco Aurelio

ace años, cuando Les III todavía estaba en la educación secundaria, volé de Chicago a Phoenix para dictar un seminario de fin de semana. El sábado, durante la hora del almuerzo, un hombre de negocios me dio un libro y dijo: "Creo que le va a interesar este libro". Luego sugirió que se lo devolviera el domingo por la mañana en la iglesia.

No pude darle una mirada al libro sino hasta la hora de acostarme.

Por lo general hubiera leído por algunos minutos y pronto me hubiera dormido. Pero el libro me cautivó. Leí casi toda la noche, mucho tiempo después de que las luces del cuarto debían haber estado apagadas. A la mañana siguiente, cuando vi al dueño del libro en el vestíbulo de la iglesia, le dije que aún no podía devolverle el libro. Vi el precio en la cubierta y saqué el dinero para pagárselo, pero él rechazó el dinero y me regaló el libro. Esa tarde acabé de leerlo en el avión, entre Phoenix y Chicago.

Cerca de la hora de dormir, cuando llegué a casa, subí directamente al cuarto donde Les III estaba estudiando. Dejé el libro sobre su escritorio y le propuse: "Si lees este libro y escribes un informe para que yo sepa que lo entendiste, te daré 10 dólares". Puesto que

Les estaba en la edad en que hubiera hecho cualquier cosa por 10 dólares, aceptó sin ninguna pregunta o explicación.

Ese incidente del libro sucedió hace muchos años. Mi hijo nunca escribió el informe y nunca le di los 10 dólares. Pero hemos hablado del libro *Total Commitment* (Dedicación total), por Robert Shook, muchísimas veces. Y no es exageración.

La premisa del libro es muy sencilla: Todos podemos alcanzar casi cualquier meta que nos fijemos si tan solo tenemos dedicación total y absoluta. Los grandes logros no son generados mayormente por altos cocientes de inteligencia, habilidades técnicas impresionantes ni por razonamientos conceptuales, sino por una dedicación total y absoluta. Esa premisa es tan básica, tan fundamental, que se ha compenetrado desde hace mucho tiempo como característica de nuestra familia. Y creemos que esta característica es esencial para ayudar a nuestros hijos a experimentar vidas plenas con propósito.

Qué significa "practicar la dedicación total"

Una parábola haitiana ilustra la dedicación total a Cristo de esta manera: Un hombre decidió vender su casa en 2,000 dólares. Otro deseaba comprarla, pero no tenía todo el dinero. Después de mucho regateo, el propietario aceptó vender la casa por la mitad del precio original, con una estipulación: él seguiría siendo el dueño de un clavo pequeño que sobresalía en la puerta. Después de varios años, el propietario original quiso comprar la casa otra vez pero el nuevo dueño no estaba dispuesto a vendérsela. Entonces aquel colgó un perro muerto del clavo que le pertenecía. Muy pronto llegó a ser insoportable vivir en la casa y la familia tuvo que vendérsela al propietario del clavo.

¿Qué tiene que ver esto con la dedicación total? La enseñanza de la parábola es sencilla. Si le dejamos al diablo una pequeña área de nuestra vida, él vendrá para dejar en ella su fétida basura, haciéndola impropia para que Cristo more allí. La consagración total, ya sea en nuestra relación con Cristo, en el trabajo, con la familia o en cualquier otra área, significa dedicar cada aspecto de nuestro ser a las metas que nos hemos fijado.

Consideremos otro aspecto que ayuda a explicar esta cualidad. Uno tiene que saber a dónde se dirige aun cuando la meta parezca lejana. En un sentido muy real, la dedicación total significa seguir adelante aunque no podamos ver la línea final.

La corredora Marla Runyon de los Estados Unidos es un buen ejemplo. Ella ha estado ciega legalmente por 22 años. Aun así, compitió en las Olimpiadas de Sydney, Australia, en el año 2000, donde calificó para la final en la carrera de 1,500 metros. Y no sólo eso: Llegó en octavo lugar, tres segundos después de las ganadoras de medallas. ¿Cómo lo hace? Marla no distingue colores y tan solo ve como manchas borrosas. En las carreras, ella simplemente sigue la mancha borrosa de figuras frente a ella. A Tom Hammonds, comentarista de televisión, le dijo que lo más difícil era rodear la última curva y "correr hacia una meta que no puedo ver. Sólo sé dónde está". ¡Eso es dedicación total!

◇ ◇ ◇

Observen a la tortuga. Avanza
sólo cuando saca el cuello del caparazón.
—James B. Conant

◇ ◇ ◇

El apóstol Pablo les escribió a los filipenses: "Hermanos, yo mismo no pretendo haberlo ya alcanzado; pero una cosa hago: olvidando ciertamente lo que queda atrás y extendiéndome a lo que está delante, prosigo a la meta, al premio del supremo llamamiento de Dios en Cristo Jesús" (Filipenses 3:13-14).

Pablo estaba hablando de la dedicación total. Y ésta requiere que nos olvidemos del pasado y sigamos adelante, hacia el premio que nos espera en el futuro.

Por qué es importante esta cualidad

¿Puede imaginarse qué sucedería si todas las parejas casadas de repente se consagraran totalmente a su matrimonio? El futuro de las cortes y de los abogados que se dedican a divorcios se vería amenazado.

¿Puede imaginarse qué sucedería en la cultura de cada nación si de pronto cada persona se consagrara absolutamente a la honradez?

En lugar de emplear a 100,000 policías nuevos, los departamentos de policía tendrían que despedir a muchos de ellos.

¿Puede imaginarse qué sucedería si todos los estudiantes, en cada nivel educativo —desde el primer grado hasta los programas universitarios de posgrado— de repente se dedicaran por completo a sus estudios? Estaríamos más cerca de contar con una generación de casi genios. Y, ciertamente tendríamos una generación de personas más capaces y más seguras de sí mismas.

La dedicación total eleva el nivel de vida. Es lo que impulsa a cada ser humano que ha logrado algo digno de mérito. Consideremos todo lo que no se hubiera logrado si las personas, haciendo caso a los críticos, no hubieran cultivado la dedicación total para alcanzar sus metas:

- El director de la oficina de patentes de los Estados Unidos dijo: "Ya se ha inventado todo lo que se puede inventar" —en 1899.
- El presidente de la Sociedad Real de Inglaterra dijo en 1885: "Las máquinas voladoras que pesan más que el aire son una imposibilidad". ¡Qué bueno que los hermanos Wright no lo escucharon!
- Tris Spaeker le dijo a Babe Ruth, el famoso beisbolista, que había cometido un gran error cuando dejó de ser lanzador para convertirse en bateador.
- Un total de 402 bancos rechazaron a Walt Disney antes de que pudiera conseguir un préstamo para construir su parque de atracciones en California.

Este último ejemplo es increíble. ¿Puede imaginarse cuán totalmente dedicado estaba Walt Disney a su visión del parque, al punto de seguir intentando a pesar de tantos rechazos? Como dijimos, esta cualidad es la que impulsa a cada ser humano que ha logrado algo digno de mérito.

Cómo inculcar esta cualidad a nuestros hijos

El gran obstáculo para inculcar la dedicación total en un niño gira en torno de la frase: "Algún día yo..."

Esta frase denota un pensamiento inútil que rara vez es apoyado por acciones. Y mucha gente con buenas intenciones la repite con regularidad. Pero, para enseñarle al niño el fino arte de la dedicación total, necesitamos ir más allá de los sueños de "algún día yo..." Debemos, más bien, comenzar a vivir nuestros sueños en el presente. He aquí algunas sugerencias para lograrlo.

Evite las excusas. Zig Ziglar, conferencista y autor de obras para motivar a la gente, cuenta de cierto hombre que le pidió a su vecino que le prestara la cortadora de césped. Éste le explicó que no podía usar la cortadora porque todos los vuelos de Nueva York a Los Ángeles se habían cancelado. El hombre le preguntó al vecino qué tenían que ver los vuelos cancelados de Nueva York a Los Ángeles con el préstamo de la cortadora de césped.

"No tiene nada que ver", respondió el vecino. "Pero si no quiero que use mi cortadora, una excusa es tan buena como cualquier otra".

◇ ◇ ◇

El infierno es ir a la deriva.
El cielo es ir con rumbo seguro.
—George Bernard Shaw

◇ ◇ ◇

Algunos se pasan día tras día esgrimiendo una excusa tras otra. Buscan cualquier pretexto para no esforzarse en alcanzar sus metas. Si quiere que su hijo escape de la trampa de crear excusas, primeramente ponga atención a las excusas que usted da porque tal vez él esté siguiendo sus pasos. Esta es una cualidad que se copia tanto como se enseña.

Después, ayúdelo a tener el valor de alejarse de las excusas.

Fije metas. Si realmente desea ayudar a su hijo a cultivar la dedicación total, ayúdele a establecer metas. Por supuesto, éstas tienen que ser accesibles y apropiadas para la edad del niño. Pero no tenga miedo de comenzar desde una edad temprana. Incluso el niño de tres años puede beneficiarse con una meta simple e inmediata, como guardar los juguetes antes de que se le permita ver su videocinta favorita.

Pero conforme crezca el niño, las metas serán de más largo alcance y requerirán más esfuerzo. Recuerde que cuando su hijo alcance una meta, debe recibir alguna recompensa por su esfuerzo. Y por lo general es mejor que él escoja la recompensa. Un ejemplo es ahorrar dinero para comprar la bicicleta que el niño desea. Al tener en mente el objetivo de una bicicleta nueva, él tendrá que evaluar bien cada decisión financiera. ¿De veras quiere comprar ese chocolate que se ve tan sabroso, o será mejor que ponga ese dinero en sus ahorros? Cuando su hijo se fije metas, se enfrentará a decisiones como estas y aprenderá a practicar la dedicación total a esas metas.

◇ ◇ ◇

El que dice que "es imposible hacerlo" no debe interrumpir al que lo está haciendo.
—Proverbio chino

◇ ◇ ◇

Practique la perseverancia. Las metas no valen de nada si la persona no posee la actitud perseverante para hacer que se materialicen. En su convincente libro, *Me: The Narcissistic American* (Yo, el americano narcisista), el sicoanalista Aaron Stern lo expresa claramente: "Para obtener madurez emocional, todos debemos aprender a desarrollar... la capacidad de diferir la gratificación inmediata a fin de lograr metas de largo alcance". Tomando esto en cuenta, quizá deba usted repasar el capítulo acerca de la gratificación diferida; está muy relacionada con la práctica de la dedicación total.

Podemos ayudar a nuestros hijos a desarrollar la perseverancia haciendo que terminen sus tareas. Por ejemplo, Nicole, de 17 años de edad, tiene problemas en ese aspecto. Cuando las cosas se ponen difíciles, tiende a abandonar lo que está haciendo. Por supuesto, eso ha dado como resultado bajas calificaciones, metas no logradas y sueños no realizados porque ella no está dispuesta a esforzarse para hacerlos realidad. Todavía no ha aprendido que lograr algo a veces significa dolor.

Los padres de Nicole están tratando de ayudarla a cumplir pequeñas metas, por ejemplo, en la lectura. A Nicole no le va muy bien en la clase de literatura porque cada vez que le aburre el tema, o es un poco más difícil entender el texto, se distrae y abandona todo esfuerzo. Sus padres la están ayudando para que aprenda a concentrarse, enseñándole a fijarse metas como leer un libro sencillo de principio a fin, y ofreciéndole una recompensa cuando lo termine.

A veces Nicole decide que la recompensa no vale la pena para el trabajo que debe hacer y lo abandona. En tales ocasiones, sus padres tienen que ejercer la autoridad paternal y establecer reglas, quitándole privilegios (como hablar por teléfono con su novio) hasta que termine la tarea asignada. Al practicar la perseverancia para cumplir tareas sencillas y acostumbrarse a terminarlas, incrementa su "poder de perseverancia", así como el atleta entrena y se fortalece por medio del ejercicio repetido. Esta perseverancia la ayudará a fortalecer su dedicación.

Sea proactivo. Es muy fácil ser pasivo: ir por la vida simplemente reaccionando a fuerzas externas. Como pasajeros de autobús en un camino accidentado, por la ventana vemos pasar el paisaje mientras la vida sigue su curso a nuestro alrededor. Llegamos, nos sentamos y dejamos que las circunstancias externas determinen nuestro destino. ¡Muchos de nosotros hacemos más planes para una fiesta de Navidad que para nuestra vida!

Pero, cuando se trata de cultivar la dedicación total, tenemos que ser activos. John Hancock dijo: "Todas las personas de mérito tienen buenos pensamientos, buenas ideas y buenas intenciones, pero muy pocas los ponen en acción". Es imposible tener dedicación y no hacer algo al respecto.

Después de fijar metas, debemos iniciar la marcha planeando cómo alcanzarlas. Y debemos asegurarnos de que esos planes sean realizables y realistas.

Haga sacrificios. Una de las maneras más eficaces para enseñarle a su hijo la dedicación total es dejar que vea los sacrificios que usted hace para alcanzar sus metas. Por ejemplo, si su iglesia está realizando una campaña especial para construir un templo nuevo, su hijo debe ver los sacrificios que usted hace financieramente para ayudar en el programa de construcción. Deje que vea que usted está dispuesto a no comer en un restaurante para dedicar el dinero al fondo protemplo. Además, anime a su hijo a participar y ayúdelo a buscar maneras de hacerlo; por ejemplo: prometiendo dar algo de su propina por varios meses, o no comprar dulces y dar el dinero para el nuevo templo.

Tenga cuidado, sin embargo, de no usar la culpabilidad para motivarlo. Asegúrese de que entienda que un buen sacrificio se hace por buenas razones, no para aliviar la culpa. Enséñele a ver la compensación positiva por el sacrificio. En el caso del nuevo templo, dialogue con su hijo sobre los beneficios que ofrecerá a la congregación. Después llévelo a un nivel personal, ayudándolo a comprender cómo los beneficiará: tal vez la iglesia tenga más salones de escuela dominical o un gimnasio; quizá el santuario sea más grande y tengan un nuevo sistema de sonido o más iluminación.

PREGUNTAS DE ESTUDIO

◆ Mencione el ejemplo de alguien que conoce y que practica la dedicación total en alguna área de su vida. ¿Qué caracteriza esa dedicación?

◆ ¿Qué tipo de sacrificios implica la dedicación a ser padres de familia?

◆ ¿A qué desearía usted que sus hijos ofrecieran dedicación total? ¿Cómo puede ayudarles a realizar lo que usted desea para ellos?

◆ ¿Puede pensar en alguna ocasión cuando usted utilizó excusas y no alcanzó sus metas?

◆ Recuerde alguna época cuando estaba totalmente dedicado(a) a algo (quizá a conquistar el corazón de su esposa(o) antes de casarse). ¿Cómo afectó esa dedicación a sus acciones?

7

FORME RELACIONES QUE PERDUREN

◇ ◇ ◇

No podemos vivir sólo para nosotros mismos.
Mil fibras nos conectan con nuestro prójimo; y entre
esas fibras, como hebras de simpatía, corren nuestras acciones
como causas y retornan a nosotros como efectos.

—Herman Melville

Durante cinco meses el almirante Richard Byrd sobrevivió a "una capa de oscuridad tras otra". Viviendo en una cabaña endeble en Ross Island Barrier, cerca del polo sur, soportó "el frío más frígido sobre la faz de la tierra". El terreno era una capa de hielo de miles de metros de grosor, con montones de polvo de nieve que soplaba a través de la superficie amenazadora. La temperatura a veces bajaba a 62 grados centígrados bajo cero. A mediados de abril, el sol desapareció bajo el horizonte y no volvió por semanas. El explorador sufrió de congelamiento, envenenamiento con monóxido, insomnio y desnutrición.

Cuando el almirante Byrd regresó a la civilización y escribió acerca de su experiencia, el título de su libro no mencionaba el terreno, la temperatura, el peligro, la oscuridad ni las enfermedades. Una sola palabra expresaba el horror de estar aislado de la gente: *solo*.

Sin embargo, no es necesario sufrir el frío del ártico para sentirse solo y abandonado. La soledad es un problema frecuente en comunidades populosas y bulliciosas. Es una de las cargas más pesadas que el corazón humano soporta a veces. Por eso es tan crucial que nuestros hijos sepan formar relaciones duraderas para que disfruten de una vida plena.

Qué significa "formar relaciones que perduren"

La experiencia define mejor que un diccionario la angustia de la soledad. Significa ser el último niño que escogen para un partido informal de fútbol. Es vivir en un hogar agitado y nunca oír una palabra de aprobación. Es visitar un centro comercial atestado de gente y tener el anhelo de compartir nuestras vivencias con *cualquier* persona que desee escucharnos.

A fin de comprender cuán importante es esta cualidad, consideremos una encuesta hecha a más de 40,000 personas de todas las edades. La encuesta descubrió que el 67 por ciento de las personas se sienten solas en ocasiones. Otro estudio mostró que la soledad es un serio problema individual para el 25 por ciento de la población. La experiencia de sentirse solo y olvidado es una epidemia emocional que padecen millones de individuos. En los Estados Unidos, el ciudadano promedio quizá conozca en un año tantas personas como conocía alguien durante toda su vida hace 100 años. Pero aun así, nos sentimos más solos. La soledad, sin embargo, no tiene que llevarnos necesariamente al aislamiento —ni a nosotros ni a nuestros hijos— si aprendemos a formar relaciones que perduren.

¿En qué consisten estas relaciones? Son vínculos con personas que hablan nuestro lenguaje, que comprenden nuestro corazón y comparten nuestra pasión. Son relaciones que no sólo nos ayudan a escapar del frío de la soledad, sino que nos hacen mejores personas al sólo estar cerca de ellas.

Por qué es importante "formar relaciones que perduren"

Un grupo pionero de investigadores estudió recientemente el antiguo misterio de lo que hace feliz a la gente. Su conclusión no fue la que hubiéramos esperado. Lo que ocupaba los primeros lugares de la lista no era el éxito, la buena apariencia ni ninguna otra posesión similar que se consideraría envidiable. El ganador absoluto fueron las relaciones. Y estrechas. La gente es más feliz cuando establece buenas relaciones.

Rick, estudiante de segundo año de secundaria, no fue aceptado en el equipo de fútbol del colegio. Sus padres no pensaban comprarle auto. No era el más guapo de su clase ni el más inteligente. Pero Rick era feliz. ¿Cuál era su secreto? Había descubierto una verdad que muchos adultos nunca aprenden y por eso nunca conocen la felicidad: Pocas cosas en la vida nos dan mayor satisfacción que establecer relaciones sólidas.

Consideremos otro ejemplo. En Brooklyn, Chush es una escuela para niños con limitaciones de aprendizaje. Algunos alumnos reciben allí toda la educación escolar, mientras que otros pueden ser referidos a escuelas regulares. En una cena de recaudación de fondos, el padre de un niño de Chush presentó un discurso inolvidable.

Después de elogiar a la escuela y a su dedicado personal, exclamó: "¿Dónde está la perfección en mi hijo Shaya? Dios todo lo hace perfecto. Pero mi hijo no puede entender las cosas como otros niños. Mi hijo no puede recordar datos ni números como los demás. ¿Dónde está la perfección de Dios?"

La audiencia se quedó estupefacta, dolida por la angustia del padre a causa de las limitaciones de su hijo, y callada ante la penetrante pregunta.

"Yo creo", afirmó el padre, "que cuando Dios trae a un niño como mi hijo al mundo, la perfección que Él busca está en la manera en que la gente reacciona a ese niño".

Entonces relató una historia asombrosa acerca de su hijo: Cierta tarde Shaya y su padre caminaban por un parque en donde estaban jugando béisbol algunos muchachos que Shaya conocía. Éste preguntó: "¿Crees que me dejen jugar?"

El padre sabía que su hijo no poseía habilidad para los deportes y que la mayoría de los muchachos no lo aceptarían en su equipo. Pero sabía también que si le permitían jugar, afirmaría su confianza al sentir que era parte del grupo. Así que se acercó a un muchacho y le preguntó si Shaya podía jugar. El muchacho miró alrededor esperando alguna indicación de sus compañeros. Al no recibir respuesta, tomó la situación en sus manos y dijo: "Bueno, estamos perdiendo por seis carreras y el partido está en la penúltima entrada. Puede estar en nuestro equipo y trataremos de que batee en la última entrada".

El padre se sintió feliz al ver la amplia sonrisa de su hijo. Le dijeron a Shaya que se pusiera un guante y que fuera a jugar en la posición de jardinero central. Al final de la octava entrada, el equipo de Shaya hizo algunas carreras pero seguían perdiendo por tres. Al final de la novena entrada, el equipo hizo otras carreras. Ahora, con dos jugadores fuera, las bases llenas y la potencial carrera ganadora en base, le tocaba batear a Shaya. ¿Qué haría el equipo? ¿Le permitirían batear y posiblemente desperdiciar la oportunidad de ganar el partido?

Para sorpresa de todos, le dieron el bate a Shaya. Era casi imposible que el equipo ganara en ese momento porque Shaya ni siquiera sabía cómo sostener el bate, mucho menos golpear la pelota. Sin embargo, cuando se paró en la base, el lanzador avanzó unos pasos para acercarse a Shaya. Luego lanzó la pelota suavemente para que él por lo menos pudiera hacer contacto con ella. Pero Shaya movió el bate torpemente y falló.

Uno de los compañeros de Shaya se le acercó y juntos sostuvieron el bate y esperaron el siguiente lanzamiento. El lanzador se acercó un poco más a Shaya y otra vez tiró la pelota suavemente. Al recibir el lanzamiento, Shaya y su compañero golpearon la pelota que cayó cerca del lanzador.

El lanzador tomó la pelota y fácilmente se la hubiera podido tirar al jugador de la primera base. Shaya hubiera quedado fuera y habría terminado el partido. Pero el lanzador más bien tiró la pelota muy alto hacia el jardín derecho, lejos de la primera base. Todos empezaron a gritar: "¡Shaya, corre a primera! ¡Corre a primera!"

Nunca en su vida Shaya había corrido a primera. Empezó a correr hacia la base con los ojos muy abiertos y sorprendido. Para cuando llegó a la primera base, el jardinero central ya tenía la pelota. Él hubiera podido lanzarla al de la segunda base, quien hubiera tocado a Shaya mientras éste aún corría. Pero el muchacho entendió lo que había querido hacer el lanzador, así que también tiró la pelota lejos y fuera del alcance del jugador de tercera base. Todos gritaron otra vez: "¡Corre a segunda! ¡Corre a segunda!"

Shaya corrió hacia la segunda base mientras que los corredores delante de él recorrían las bases para completar las carreras. Cuando llegó a segunda base, el parador en corto del equipo contrario corrió hacia Shaya, lo dirigió hacia la siguiente base y gritó: "¡Corre a tercera!"

Cuando llegaba a la tercera base, los jugadores de ambos equipos corrieron detrás de él gritando: "¡Shaya, haz la carrera completa!" Shaya llegó a la meta, pisó la base y los 18 jugadores lo levantaron en hombros y lo declararon el héroe: había bateado un gran "cuadrangular" con el que ganó el partido para su equipo.

"Ese día", dijo el padre tiernamente mientras las lágrimas rodaban por su rostro, "esos 18 muchachos alcanzaron su nivel en cuanto a la perfección de Dios".

Cuánto me gusta esa historia, porque muestra a muchachos que le dieron más importancia a una persona que a ganar un partido. Eso es lo que debemos hacer para establecer relaciones que perduren. Tenemos que estar dispuestos a poner a otros antes que nuestros programas, planes y deseos. Al valorarlos y hacerles saber que los valoramos, encontramos el tesoro inapreciable del amor.

Cómo inculcar esta cualidad a nuestros hijos

¿Qué se puede hacer para establecer buenas relaciones? La respuesta en realidad es: "No mucho". Usted no puede *hacer* mucho para cultivar relaciones saludables. Las técnicas no funcionan. Las relaciones verdaderas se desarrollan como resultado de *ser* cierta clase de persona. Por tanto, las sugerencias en este capítulo se enfocan en cultivar características antes que técnicas. La meta es ayudar a sus hijos a comprender *quiénes* son en las relaciones y no lo que *hacen*.

◇ ◇ ◇

La pregunta más persistente y urgente en la vida es: ¿Qué está haciendo usted por los demás?
—Martin Luther King Jr.

Enséñeles a escuchar. Las buenas relaciones se desarrollan cuando una persona puede escuchar y entender lo que dice la otra. Si no escuchamos con cuidado a otra persona, no podemos establecer una buena relación con ella. Ayude a sus hijos a ser personas que dedican tiempo para oír lo que dicen otros. Enséñeles a no interrumpir ni a sacar conclusiones apresuradas en su comunicación. Muéstreles cómo permitir pacientemente que la otra persona diga lo que piensa. A medida que maduren sus hijos, enséñeles a convertirse en un espejo que refleja una imagen. Pueden reflejar el mensaje de la otra persona diciendo algo como: "Tal como lo entiendo, usted dice que..." Este tipo de reflexión le permite a la persona saber que realmente nos interesa comprenderla con exactitud, lo cual ayuda en gran manera a establecer relaciones duraderas.

Enséñeles a ofrecer seguridad. Una relación estrecha se establece en base a la seguridad. Si una persona no se siente segura con usted, no hay esperanza de que sea franca y auténtica cuando dialogan. Para crear el sentido de seguridad en una relación se requieren dos elementos. El primero consiste en brindar aceptación. Nuestros amigos necesitan sentir que siempre los aceptaremos. Incluso cuando dicen o hacen algo incorrecto, debemos hacerles saber que los amamos y aceptamos. Nuestros hijos ven que demostramos esta cualidad cuando los amamos por lo que son, sin importar lo que hagan.

Para ofrecer seguridad en una relación, el segundo elemento consiste en cumplir nuestra palabra. Por supuesto, esta cualidad se aprende mejor con el "ejemplo" que con "palabras". Sus hijos tienen que verle poner en práctica esta cualidad en su vida. Si promete hacerles un favor, hágalo. Si promete guardar un secreto, guárdelo. Sea una persona de palabra. Cuando usted se gana la confianza de sus hijos, es más probable que lleguen a ser confiables y que sus relaciones perduren muchos años.

Enséñeles a estar dispuestos a ayudar. En relaciones satisfactorias, la gente no sólo goza de seguridad sino que se ayudan el uno al otro. A veces la ayuda es tangible, como cuando orienta a su hijo mientras hace sus tareas. Y a veces esa ayuda significa expresar aprobación a sus hijos antes que presenten un examen para el cual han estudiado con diligencia. El punto es que su hijo necesita aprender a ayudar a otros porque desea hacerlo, no porque lo obligan. Y los niños pueden aprender esta lección desde una edad mucho más temprana de lo que usted piensa.

◇ ◇ ◇

Las relaciones íntimas no pueden sustituir el plan para la vida. Mas para que tenga significado y sea factible, el plan de vida debe incluir relaciones estrechas.

—Harriet Lerner

◇ ◇ ◇

Consideremos la historia que Jack Kelley —redactor de asuntos extranjeros del periódico *USA Today*— contó a un grupo de redactores de revistas cristianas en la convención de la Asociación Evangélica de Prensa:

Estábamos en Mogadishu, la capital de Somalia, en el este de África durante una hambruna. La situación era tan grave que llegamos a un pueblo y todos habían muerto. Vimos entonces a un niño pequeño. Se notaba que estaba lleno de gusanos y desnutrido. Nuestro fotógrafo tenía una toronja y se la dio al niño. Éste estaba tan débil que ni tenía fuerzas para sostener la fruta, así que la cortamos por la mitad y se la dimos. Él la recibió, nos miró como diciendo gracias y se fue caminando hacia su pueblo. Caminamos detrás de él de modo que no nos pudiera ver. Cuando llegó a la aldea, en el suelo estaba un niño pequeño que parecía estar muerto. Sus ojos se veían vidriosos. Era el hermano menor del niño. Éste se arrodilló al lado de su hermanito, mordió un pedazo de toronja y lo masticó. Luego abrió la boca de su hermanito, puso en ella la toronja y le movió la mandíbula como si estuviera masticando. Nos enteramos de que el hermano mayor había estado haciendo eso por su hermanito por dos semanas. Unos días después el hermano mayor murió de desnutrición y el hermanito sobrevivió. Recuerdo que al conducir el auto al hotel esa noche, pensé: "¿Será esto lo que quiso decir Jesús cuando declaró: 'Nadie tiene mayor amor que este, que uno ponga su vida por sus amigos'".

◇ ◇ ◇

El amor consiste en esto, que dos almas solitarias
se protejan, se relacionen y se encuentren.
—Rainer Maria Rilke

◇ ◇ ◇

Ya sea que nuestros actos de servicio y de ayuda salven vidas, o sencillamente permitan que otros ahorren tiempo o eviten frustraciones, ayudar a otros supliendo sus necesidades alegra la vida. Les podemos enseñar a nuestros hijos a ser personas que ayudan cuando se presenta una necesidad, pero que también buscan maneras de ayudar a otros.

Enséñeles a solidarizarse con los demás. Para establecer buenas relaciones debemos aprender a ver el mundo desde la perspectiva de la otra persona. La palabra técnica para ello es "empatía". Y cuando la experimentamos, podemos descubrir innumerables misterios. Cuando nos ponemos en los zapatos de otra persona, comenzamos a entender por qué reacciona, siente o piensa como lo hace. Por supuesto, la empatía no es algo que se posee en forma natural. Ayude a su hijo a ponerla en práctica sugiriéndole que considere lo que alguien pudiera estar sintiendo o pensando en diversas circunstancias. Por ejemplo, si se queja por la conducta de otro muchacho en el colegio, puede preguntarle: "¿Tienes alguna idea de por qué lo hizo?" Su hijo quizá responda: "Pienso que tal vez se haya enojado porque yo estaba hablando con su novia".

Podría decirle entonces: "Ah, ¿cómo crees que te hubieras sentido si él hubiera estado hablando con tu novia? ¿Habrías sentido celos?"

Tal vez su hijo responda: "No, si fuera él, sabría que no trataba de robarle a su novia".

"Debe ser difícil tener tanto miedo de perder a la novia, ¿verdad?", podría comentar usted. Eso lo ayudaría a pensar por qué la gente se comporta como lo hace. O, si se queja su hijo, podría preguntarle: "¿Actúa siempre así esta persona o crees que tiene algún problema? Por ejemplo, ¿crees que enfrenta una decisión difícil o algo similar?"

Tales preguntas pueden ayudar a su hijo a ver la vida a través de los ojos de otros. Es una decisión —y cuesta trabajo— ver la vida como la ve otra persona. Pero los resultados positivos de la empatía valen la pena el esfuerzo.

◇ ◇ ◇

> *Las relaciones humanas siempre nos ayudan a seguir adelante, porque presuponen un futuro.*
> —Alberto Camus

◇ ◇ ◇

Enséñeles a resistir la turbulencia. Casi toda buena relación en algún momento atraviesa una etapa difícil, cuando ambos quieren poner fin o abandonar la amistad. Esta es una fase que nos asusta en las relaciones, indicando generalmente que pasaremos de la superficie para hablar de nuestros verdaderos sentimientos, de lo que en verdad nos agrada y desagrada, de lo bueno y lo malo. Es un momento para llorar y lamentar, para quejarse y acusarse.

Podemos enseñar a nuestros hijos —mediante palabras y acciones— a no darnos por vencidos cuando esas amistades no son perfectas. Los niños podrán practicar también esta cualidad, en distintos niveles, a medida que vayan madurando. Pero pueden comenzar a aprender la lección de mamá y de papá, cuando observan que sus padres no abandonan a los amigos cuando la vida es difícil. Nuestros hijos aprenden que si perseveramos, esos tiempos de conflicto pueden conducir a una relación más profunda, más genuina y más auténtica que antes. La perseverancia en medio del conflicto es el precio que a menudo pagamos para disfrutar de una conexión más profunda en las relaciones.

Preguntas de estudio

◆ Hable de un amigo muy cercano. ¿Qué hace que esta amistad sea estrecha?

◆ Las amistades a veces pasan por malos ratos. ¿Cómo conservamos una relación cuando enfrentamos dificultades?

◆ Piense en alguien con quien usted ha tenido amistad por años. ¿Por qué esa relación se ha mantenido por tanto tiempo?

◆ ¿Cómo puede ayudar a sus hijos a dar los primeros pasos para formar amistades?

◆ ¿Cuándo se debe poner fin a una amistad o relación destructiva?

8

ESPERE SU PROPIO GETSEMANÍ

◇ ◇ ◇

Aunque en el mundo existe mucho sufrimiento,
también existen muchas formas de superarlo.

—Helen Keller

espués de que un devastador incendio destruyó el edificio principal del campus de la Universidad de Olivet en 1939 *(habla Les Sr.)*, mi padre, quien era entonces el rector, habló con los administradores para trasladar el campus a Kankakee, a casi 160 kilómetros al norte de su localización en Georgetown, Illinois. Decidieron trasladarlo porque esa ciudad ofrecía mejores posibilidades de empleo para los estudiantes y había ya un campus con hermosos edificios. Sin embargo, la mudanza enfureció a algunos residentes de Georgetown, especialmente a los que habían comprado casa allí. La tensión fue aumentando como la presión volcánica debajo de la tierra.

La explosión ocurrió una noche cuando el vigilante nocturno de la universidad llamó a mi padre a la puerta de la casa y, mientras observaba pasivamente con una cachiporra en la mano, un hombre apareció de repente de entre la oscuridad y atacó a mi padre que estaba descalzo y en pijama. Sus lentes se rompieron con el impacto del primer golpe y no podía ver. Fue golpeado sin misericordia. El ataque terminó cuando yo, un muchacho de 15 años, llegué a la sala corriendo y gritando, llevando en la mano un revólver que ni ellos ni yo sabíamos que estaba descargado.

Mi madre usó un paño y agua caliente para limpiar la sangre del rostro de papá. Los hijos temíamos por nuestra vida. Nadie durmió el resto de la noche. El vigilante denunció el incidente al alguacil, quien arrestó al invasor y lo encarceló. Pero nuestro vecino (que era miembro de la facultad) pagó su fianza. Al día siguiente, cuando la noticia del ataque se divulgó en la pequeña comunidad, los que se oponían al traslado se alegraron mientras que los que apoyaban a mi padre estaban indignados.

◇ ◇ ◇

Una palabra nos libera de todo el peso y
el dolor de la vida: Esa palabra es "amor".
—Sófocles

◇ ◇ ◇

He visto a mucha gente pasar por su Getsemaní personal, pero ninguno marcó un impacto mayor en mi vida que esa experiencia de mi padre. Primero, él rehusó presentar cargos contra el hombre que lo había lastimado. Recuerdo cómo lo explicó a la familia: "Ir a la cárcel o pagar una multa no lo cambiará a él ni cambiará los sentimientos de la gente que lo apoya. Lo que tengo que hacer es protegerlos a ustedes de la mejor forma posible y seguir adelante con los planes para trasladar la Universidad de Olivet a Kankakee".

Mi padre nunca se vengó de su adversario, aun cuando la ley estaba de su lado. Si alguna vez tuvo un arranque de ira, nunca lo supe. Y, por lo menos en mi presencia, jamás habló en forma despectiva de la gente que le infligió ese dolor.

Aquel no fue el último Getsemaní que experimentó mi padre pero es el que recuerdo más vívidamente. Muchas veces he reflexionado sobre su ejemplo al enfrentar mis propias experiencias difíciles. Por eso creo que la manera de lidiar con el Getsemaní privado es una de las partes más importantes del legado que mi padre nos ha dejado a mi hermano, a mi hermana y a mí. Es una herencia que he procurado transmitir a mis hijos.

Tal vez usted ni desee considerar tragedias o experiencias terribles que pudieran acontecerles a sus hijos en el futuro, pero puede estar seguro de que en algún momento enfrentarán su Getsemaní personal. Cuando menos lo esperen, les sucederá algo que usted y ellos nunca imaginarían. La forma en que respondan al problema indicará la medida de su carácter. Así que, mientras planta semillas para el futuro de sus hijos, no descuide esta importante cualidad.

Qué significa "esperar su propio Getsemaní"

Ya era tarde —probablemente alrededor de las 11:00 de la noche— cuando apagaron la última vela y el amplio aposento alto en donde Jesús celebró la última cena con sus discípulos quedó en total oscuridad. Los discípulos aseguraron la puerta con una llave grande de hierro y se la devolvieron al dueño de la casa. Yendo por las estrechas calles de Jerusalén, avanzaron por el camino empedrado para dirigirse a la puerta oriental.

Descendieron por la cuesta escarpada desde la puerta hacia el arroyo de Cedrón. Después de cruzar por las aguas de poca profundidad, subieron la cuesta en el otro lado. Pronto llegaron a un viejo olivar donde se detuvieron. Jesús les dijo a ocho de sus seguidores: "Quédense aquí y velen mientras voy más allá".

Entonces llevó a sus tres amigos de mayor confianza —Pedro, Jacobo y Juan— más adentro del olivar. Luego se detuvo otra vez y les dijo: "Quédense aquí y velen mientras voy allí a orar". Jesús quizá se haya arrodillado al lado de una de las grandes rocas que abundan en Palestina. Quizá esa roca le haya dado cierto sentido de aislamiento al acercarse a la experiencia más difícil de su vida.

He visto pinturas de Jesús orando en Getsemaní que lo muestran en estado de calma y quietud. Realmente no fue así. Él cayó hacia adelante postrándose en la tierra. Estaba bajo tal tensión mental y emocional que empezó a traspirar. Una mezcla de sangre y sudor le cubrió la frente. Gimió. Se retorció de dolor por el sufrimiento emocional y, desde lo más profundo de su alma, exclamó: "Oh, Dios, todas las cosas son posibles para ti. Si es posible, pase de mí esta copa. Pero no se haga mi voluntad, sino la tuya".

Finalmente Jesús se levantó y retornó al sitio donde había dejado a sus mejores amigos para que oraran. Estaban dormidos. Los despertó y con tristeza les preguntó: "¿No han podido velar conmigo una hora?"

Jesús regresó a su lugar de oración. Después de una hora volvió a ver a sus discípulos. Por segunda vez los encontró durmiendo, no velando. Después de la tercera hora de profunda oración, Jesús volvió por última vez y encontró a sus amigos todavía dormidos. Jesús vio entonces la luz de las antorchas de los guardias del templo que iban a buscarlo en el olivar. Al frente del grupo iba Judas.

Para entonces los discípulos estaban completamente despiertos, cada uno reaccionando a su manera. Pedro parecía enojado. Después de todo, había decepcionado a su mejor amigo. Desenvainando su espada, la levantó sobre la cabeza del siervo del sacerdote. ¡Zas! El ataque hubiera podido ser fatal, pero tal vez el siervo vio la espada y se movió. Pedro le cortó la oreja, pero misericordiosamente fue librado de convertirse en asesino. Jesús, reprendiendo a Pedro, le ordenó que guardara la espada. Después tocó la oreja del siervo y lo sanó.

La historia del Getsemaní de Jesús no terminó bien. No hubo milagros para salvarlo. Ningún ángel lo "tocó". Los soldados no mostraron consideración alguna mientras lo encadenaban como a cualquier criminal. Lo llevaron a una serie de tribunales sin autoridad y finalmente a la cruz, a morir.

Esta historia es prototipo de lo que nos sucede a todos cuando pasamos por nuestro Getsemaní. En base a lo que experimentó Jesús, podemos predecir qué sucederá cuando llegue ese momento —y llegará.

Primero, es muy probable que el Getsemaní privado suceda en un lugar conocido. Judas sabía dónde podía encontrar a Jesús. Nuestro Getsemaní privado, por ejemplo, puede ocurrir en la iglesia a la que asistimos con regularidad. Sufrimos profundamente cuando el líder espiritual en quien confiamos compromete sus principios cristianos.

O, quizá suceda en el hogar. Sabemos de hermanos que pelean entre sí por las simbólicas 30 piezas de plata. El favoritismo percibido produce divisiones familiares tan devastadoras como la enemistad entre Jacob y Esaú, causada por un plato de guisado y la bendición del anciano padre.

◊ ◊ ◊

El dolor es inevitable; el sufrimiento es opcional.
—Autor desconocido

◊ ◊ ◊

Segundo, probablemente haya un Judas en nuestro Getsemaní. Judas es aquel que traiciona a su mejor amigo para lograr sus propósitos personales. Por lo general es alguien en quien confiamos. Casi a diario los periódicos publican historias de Judas con nombres modernos y en situaciones contemporáneas. Por dinero, un Judas moderno vende secretos del gobierno al enemigo. Debido al dinero, algunos divorcios se convierten en terribles batallas legales. El Judas que usted experimentará quizá viva con usted, trabaje con usted o asista a su iglesia. Una cosa es segura: en algún lugar Judas está esperando para traicionarle en su Getsemaní privado.

Finalmente, mientras experimente su Getsemaní, sus mejores amigos quizá se queden "dormidos" o se mantengan alejados. Cuando más los necesite, parecerá como si hubieran desconectado sus teléfonos. Misteriosamente su correo electrónico no funcionará. Se olvidarán de devolverle las llamadas. Desaparecerán. Seguirán su vida como si usted no estuviera enfrentando ese problema. Usted tendrá que hacerle frente a su Getsemaní solo o sola, clamando a Dios y suplicándole misericordia y alivio.

Por qué es importante esperar nuestro Getsemaní

Por lo general pensamos que el Getsemaní privado es algo que sucede cuando somos adultos, no durante la niñez. Y, afortunadamente, muchos niños no pasan por la devastación de una angustia imprevista. Pero, son también muchos los niños que enfrentan su Getsemaní, aun a muy temprana edad. Para confirmar esto, tan solo pregúnteles a los millones de niños que han sido testigos del divorcio de sus padres. O a los millones de niños que han sufrido maltrato físico y verbal de parte de adultos. Y no olvidemos a los que son desgarrados internamente cuando sus compañeros los señalan y atormentan sin misericordia y, muchas veces, sin razón alguna.

Mi primer Getsemaní (*Les III*) ocurrió cuando no pasé del segundo grado o, como decían mis compañeros, cuando me "reprobaron". Mi problema era la lectura. Mientras que otros niños ya podían leer libros sencillos, yo aún no podía distinguir las letras.

Recuerdo el día en que un especialista me sacó de la clase de lectura, me hizo algunas pruebas y, según supe después, diagnosticó que sufría de dislexia. No era severa. No veía las cosas al revés ni me parecía que las palabras desaparecían de la página. Sin embargo, se me dificultaba mucho leer. Así que todos mis amigos pasaron a tercer grado y yo tuve que repetir el segundo.

Ser reprobado no fue lo único que me causó sufrimiento. También me hirió emocionalmente lo que sucedió durante ese año escolar. Por ejemplo, mientras los otros niños estaban en el recreo, yo tenía que reunirme con un profesor particular que me ayudaba con la lectura. Y dos veces por semana, después de clases, iba con otro especialista que trataba de ayudarme. Con toda esa atención enfocada en mi lectura, sentía que era anormal, tonto o, como más de un compañero me llamó, "retardado".

Como mi familia puede testificar, en ese tiempo comencé a tener rabietas en casa. Éstas eran graves, no la conducta común de gritar y tirarse al piso. Mis pataletas incluían escribir en las paredes y patear a la gente en las canillas.

Nunca olvidaré cuando mi papá me sentó frente a él para dialogar acerca de mi conducta. Su propósito no era castigarme sino comprenderme. Y lo hizo. Le expresé cómo me sentía por no ser capaz de leer. Le conté lo que decían otros niños de mí. No me azotó. Sencillamente dijo: "Espera aquí un momento. Quiero hablar con el resto de la familia. Volveré pronto".

Papá regresó unos minutos después y dijo que saldríamos con toda la familia a tomar helados. Nos subimos en la camioneta y partimos. Al llegar a una señal de "PARE", mi hermano mayor, Roger, me pidió que dijera las letras. *"Ppp... ¿p?"* Todos aplaudieron. *"Aaa... ¿a?"* Aplaudieron otra vez. Fuimos de señal en señal mientras yo leía lentamente cada palabra y ellos celebraban cada vez que lo lograba.

◇ ◇ ◇

No tiene que sufrir para ser poeta; la adolescencia representa suficiente sufrimiento para cualquiera.
—John Ciardi

◇ ◇ ◇

Dislexia. Ahora nadie notaría que tengo ese problema. Los estantes de pared a pared que hay en mi oficina están llenos de libros que he leído. Y cerca de mi escritorio hay un estante pequeño de libros que yo escribí. Se podría decir que con el tiempo aprendí a leer, pero, más importante aún, aprendí a aceptar una situación difícil que, sin la ayuda de mi familia, podría haber tenido un resultado muy diferente.

Cómo inculcar esta cualidad a nuestros hijos

En Juan 16:33, Jesús nos dice que es inevitable enfrentar aflicciones en este mundo. En lugar de tratar que nuestros hijos vivan libres de sufrimientos, será más sabio poner un fundamento firme antes que experimenten las crisis. He aquí algunas sugerencias:

Prepare el terreno. En su libro *Helping Kids Through Tough Times* (Cómo ayudar a los niños a través de momentos difíciles), Doris Sanford explica: "El crecimiento espiritual y emocional disponible para los niños después de una muerte es el resultado de hacerle frente al dolor, no de evitarlo". Aunque su hijo no haya experimentado el duelo todavía, busque oportunidades para hablar sobre la muerte y otros tipos de pérdidas. Los libros para niños, los programas de televisión e incluso los eventos recientes pueden abrir la puerta para una conversación provechosa sobre estos temas. Al dialogar así con él, le hace saber que no hay tema del cual no puedan hablar. Entonces, cuando una pérdida ocurra en la vida de su niño, habrá comenzado ya a prepararlo para un saludable proceso para enfrentar la tristeza.

Escuche con atención. Yo *(Les III)* trabajé con un grupo de sicólogos escolares en muchas clases de escuelas primarias, ayudando a los estudiantes a sobreponerse al desastre del trasbordador espacial Challenger en 1986. Uno de los objetivos era enseñarles cómo los choques emocionales afectan nuestra capacidad para desempeñarnos con eficacia.

◇ ◇ ◇

Amigo, ¿desea conocer el arte de vivir? Se encierra en una sola frase: use el sufrimiento.
—Henri F. Amiel

◇ ◇ ◇

No se necesita una catástrofe nacional para influir en la capacidad de los niños para concentrarse en la escuela. Sea sensible a conflictos emocionales aparentemente pequeños que pueden afectar su desempeño. Quizá le sorprenda la magnitud de las cargas que experimentan sus hijos. Ponga atención al comportamiento no verbal (¿evitan el contacto visual?) y escuche el tono y el mensaje emocional escondidos en sus palabras. Cuando dicen que están "bien", tal vez significa que están deprimidos por los comentarios críticos de un compañero. Diga: "Parece que tuviste un mal día". Sin hacer preguntas que den la impresión de entremetimiento, esta declaración invita a un diálogo terapéutico que después puede ayudarles a enfocarse en sus tareas. Si saben que en su casa los comprenden, podrán desempeñarse mejor en sus clases.

No subestime las experiencias difíciles de los niños. Cuando en el año 2000 falleció Charles Schulz, el dibujante de las caricaturas *Peanuts* (Charlie Brown o Carlitos), muchos comentaron sobre su capacidad para reflejar la tristeza de la vida real por medio de las experiencias de sus personajes. Por ejemplo, los analistas de la obra de Schulz han indicado que cada uno de sus personajes importantes tenía un amor no correspondido: Charlie Brown y la niña pelirroja; Lucy y Schroeder; Linus y la maestra Othmar; Snoopy y la perrita que lo dejó "plantado" en el altar. Algunos dicen que Schulz plasmó en sus tiras cómicas la depresión e inseguridad que él experimentó toda su vida, incluso desde la niñez.

Respecto a sentir pérdidas, los niños tienen mayor capacidad de la que nos imaginamos. Y a veces sentirán tristeza por cosas que a nosotros nos parecen insignificantes. Recuerde lo que sentía cuando era niño(a). Quedar en segundo lugar en un concurso de ciencia quizá no sea gran problema para un adulto; en realidad, tal vez nos parezca muy bueno. Mas el niño de ocho años, que estaba seguro de que ganaría el primer lugar, puede pensar que es el fin del mundo. En muchos casos la muerte de una mascota es la primera experiencia de duelo para un niño. Como Charles Schulz, nuestros pequeños pueden llevar muy dentro sus heridas y tristezas hasta la edad adulta. Karen, una madre de 32 años de edad con dos hijos, recuerda que estaba en tercer grado cuando tuvieron que sacrificar a su gatito para que no sufriera más, y dice: "Empecé a llorar en la oficina del veterinario. Recuerdo que mi mamá me decía que conseguiríamos otro, pero yo quería mucho a ese gatito".

Provea una red de seguridad emocional. Durante la primera mitad de la construcción del puente Golden Gate de San Francisco, California, alrededor de 20 hombres cayeron mientras trabajaban; unos murieron y otros quedaron gravemente heridos. Al fin detuvieron la construcción y, debajo del área de trabajo, pusieron una red gigante que pudiera recibir a los que se cayeran. Durante el resto de la construcción únicamente se cayeron cuatro hombres. La red no sólo proveyó a los trabajadores más seguridad sino que, al darles mayor confianza, disminuyeron los accidentes.

Los padres pueden proteger la dignidad de sus hijos haciendo de la casa un lugar seguro. Incluso cuando bajan sus calificaciones, el tono de voz del padre puede edificar o destruir el alma del hijo. Los padres deben responder en vez de reaccionar. El apoyo positivo, sin críticas, aumenta la probabilidad de mejores calificaciones en el futuro. Regañar y criticar a un alumno por sus bajas calificaciones no lo motivará a esforzarse más. Las acusaciones negativas hacen que empeoren las malas calificaciones, como ocurre con cualquier otro comportamiento. Por tanto, haga todo lo posible para formar una red de seguridad emocional para su hijo.

Ayúdeles a vivir con lo que tienen. El pastor Roger Barrier dijo que nunca había conocido de cerca a una persona que no luchara con alguna desventaja, visible o invisible. La vida está llena de héroes que ganaron en la carrera de la vida porque no sucumbieron a sus desventajas. Esta determinación para superar dificultades no está en los genes —se enseña.

Luis Pasteur sufrió una apoplejía a la edad de 46 años y luchó con su desventaja por el resto de su vida. La sordera no le impidió a Beethoven componer algunas de sus mejores obras. La polio no disminuyó la influencia del presidente Franklin D. Roosevelt en los Estados Unidos y en el mundo entero. Después de superar la polio, Jackie Joyner Kersey ganó varias medallas de oro en atletismo.

Entre los héroes anónimos están aquellos que superaron maltratos, los que rehusaron ser despreciados por su tamaño, los que sufrían de dislexia o el problema de déficit de atención, o los que padecían de un sistema inmunológico débil. Esas personas aprendieron muy temprano en la vida a no compararse con los demás. Como dice Roger Barrier, son personas que "cesaron de mirar los escaparates de las tiendas y viven con lo que tienen".

Podemos ayudar a nuestros hijos a comprender que aunque tengan desventajas, hay muchos elementos positivos en su vida. Podemos enseñarles a contar lo que *pueden* hacer, en vez de lo que *no pueden* hacer.

Observe lo bueno que viene de lo malo. Cuando el escritor deportivo Mitch Albom, de Detroit, oyó que su profesor favorito de la universidad, Morrie Schwartz —a quien no había visto en 20 años— estaba muriendo por la enfermedad de Lou Gehrig, renovó su amistad con él con visitas semanales. En su libro *Tuesdays with Morrie* (Los martes con Morrie), Albom describe sus visitas, centrándose en el ingenio y conocimiento de su profesor.

Durante una de esas conversaciones, Albom le preguntó a Schwartz por qué seguía viendo las noticias, porque seguramente no estaría con vida para oír los resultados de todos modos. Morrie le respondió con una brillante lección acerca de la empatía. Le dijo que se sentía más cerca que nunca antes de los que sufrían. Contó que una noche, al ver en las noticias a la gente de Bosnia que corría por las calles en medio de balas que silbaban por todas partes, y que muchos morían, él comenzó a llorar. "Siento su angustia como si fuera mía", declaró. "No conozco a ninguno de ellos. Pero, ¿cómo puedo expresarlo? Casi me siento atraído hacia ellos".

Lo mismo le sucede casi a toda persona que sufre, incluso a los niños. El sufrimiento crea un espíritu humilde de empatía y de compasión. Muchas veces produce gratitud.

PREGUNTAS DE ESTUDIO

◆ ¿Alguna vez vio a sus padres pasar por un Getsemaní personal?

◆ ¿Puede recordar algún Getsemaní en su vida? ¿Cómo le afectó a largo plazo?

◆ Hable de las diversas maneras en que la gente responde espiritualmente a las situaciones difíciles. ¿Qué sucede en su relación con el Señor?

◆ ¿Cómo podemos saber cuando nuestros hijos están pasando por una experiencia de Getsemaní?

◆ ¿De qué maneras prácticas puede usted proveer una red de seguridad emocional para sus hijos?

9

ESTABLEZCA SU PROPIA FE

◇ ◇ ◇

Respeto la fe, pero la duda es la que nos enseña.

—Wilson Mizner

Un reportero le preguntó una vez al gran teólogo Karl Barth: "Señor, usted ha escrito muchos libros acerca de Dios; ¿cómo sabe que es la verdad?" Se dice que el erudito alemán respondió: "Mi madre me lo dijo".

Yo *(Les III)* sé exactamente lo que quiso decir. Soy creyente porque me criaron en una familia de fe. Heredé mi fe. Nací en una casa pastoral y me guiaron a creer en Dios casi al mismo tiempo en que empecé a comer galletas. Algunos niños cantaban: "Cristo me ama, bien lo sé, su palabra me hace ver..." Yo hubiera podido cantar: "Cristo me ama, bien lo sé, mi mamá me dice así".

Es realmente notable que la fe que me sostuvo desde tan temprano en la vida todavía esté hoy en mí. Ahora mido un metro más de estatura, obtuve el doctorado en filosofía y letras, soy padre de familia y mi mamá vive como a 1,600 kilómetros de distancia. Las cosas han cambiado. Sin embargo, tengo la misma fe, ¿o acaso es diferente?

Cuando era niño nunca examinaba las evidencias para aceptar o rechazar diferentes creencias religiosas. Ni siquiera sabía que existía esa opción. Con el tiempo, sin embargo, se fue corrigiendo la visión limitada de mi niñez. Como cuando se aprende algo que no se discute en público, descubrí que no todos creían en Jesús. En realidad, mi amigo de la escuela Myron Goldstein nunca había oído de Cristo. Con todo, persistió mi fe.

Cuando llegué a la extraña edad de media adolescencia, yo era creyente. Tenía mil dudas sobre mí mismo, pero mi fe estaba fuerte. Sobrevivió a las presiones de mis amigos y a cierto grado de rebeldía instintiva. Los versículos memorizados en la escuela vacacional adquirieron significado y podía repetirlos al instante para proteger mi fe de "los dardos de fuego" de Satanás. Mi fe estaba totalmente resguardada y nada podía debilitarla. Bueno, casi nada.

En la universidad aprendí a evaluar y a cuestionar. El profesor de ciencias me pidió que investigara y que experimentara. El profesor de inglés me invitó a criticar la poesía isabelina. Incluso el entrenador de golf me pidió que experimentara diversas técnicas. Me animaron a cuestionar presuposiciones en casi cada campo. Era inevitable que evaluara mi fe heredada y las respuestas memorizadas. Recuerdo cuándo comenzó esa evaluación.

En la cafetería de la universidad, cuando cursaba el segundo año, de repente comencé a ver desde una nueva perspectiva mi rutina de orar antes de comer. Parecía superficial, un ritual sin sentido, un acto hecho sin pensar pero persistente, aun compulsivo. Me pregunté por qué lo hacía. ¿Era porque estaba genuinamente agradecido o sólo quería *parecer* agradecido? No lo sabía. De pronto estaba nadando en un océano de dudas.

La conducta que me habían enseñado de niño parecía tener una relación superficial con mis creencias. Orar, ir a la iglesia, leer la Biblia, ayudar a los necesitados, asistir a estudios bíblicos, participar en viajes misioneros —todo me parecía en vano. Cada acto era como una piedra en mis bolsillos, haciendo más y más difícil mantenerme a flote.

Antes de hundirme por completo, admití mi duda desesperada y me encontré sosteniendo la piedra más pesada de todas: la culpa. Además de la agonía de la duda, enfrentaba otra emoción que me parecía invencible. Me sentía avergonzado por dudar de lo que parecía ser tan significativo para los demás. Y me sentía culpable por no aceptar a ciegas sus respuestas.

Recuerdo que en un momento de vulnerabilidad le confesé mis dudas a un maestro de escuela dominical, quien de inmediato me proveyó un grueso libro de evidencias y explicaciones. Él esperaba que el libro me sirviera como cuerda de salvamento, pero para mí fue más bien como una pesada ancla. Mi culpa aumentó y yo continué solo con mis dudas.

◇ ◇ ◇

La vida es profunda y sencilla, y lo que nos da la sociedad es superficial y complicado.
—Fred Rogers

◇ ◇ ◇

No se trataba de "incredulidad" o resistencia obstinada. Era duda —la admisión honesta de que, a pesar de todas las respuestas, todavía abrigaba preguntas significativas. Mis oraciones, antes elocuentes, se redujeron a una sola frase: "¿Por qué?" Esta pregunta desesperada se extendía como una espuma química en el fuego de mi corazón. Hacía esta pregunta una y otra vez. Dios permanecía callado. Me consolaba saber que Jesús había clamado haciendo la misma pregunta, pero no me acercaba a la respuesta.

No estoy seguro de cuánto tiempo sufrí en la oscuridad de la duda —quizá seis meses— pero en algún momento, en medio de mi cuestionamiento, comprendí que no buscaba una explicación; deseaba una fe que fuera realmente mía.

Qué significa "establecer nuestra propia fe"

Casi puedo señalar el lugar donde sucedió. Estaba conduciendo rumbo al aeropuerto internacional O'Hare de Chicago. Mi papá llegaba de un viaje de negocios y yo estaba contento de ir por él. Cuando yo era pequeño, casi siempre papá volvía de sus viajes con un pequeño regalo: un avioncito de Washington D.C., un cajoncito de naranjas en miniatura de Los Ángeles, una gorra de béisbol de Boston. La emoción de saber que papá sacaría un paquete pequeño de su maletín era suficiente para entusiasmarme. Eso fue hace mucho tiempo. En este viaje no esperaba ningún regalo.

Mientras conducía el auto por los campos en febrero, resistí el impulso de encender la radio. Usé la oportunidad para pasar algunos minutos con Aquel de quien dudaba. Eso no es tan extraño como parece. La mayor parte del tiempo realmente no dudaba de la existencia de Dios, ni siquiera de las doctrinas religiosas. Lo que cuestionaba era la Biblia, la soberanía de Dios, la resurrección y los milagros. Pero, sobre todo, cuestionaba mi corazón. Cuestionaba los motivos que impulsaban mi conducta.

Mi oración, como cientos de veces antes, continuaba llena de preguntas: "¿Por qué me siento tan vacío? ¿Por qué te siento tan distante? A veces me parece que soy un robot que hace todo sin sentirlo. Pienso que me interesa más hacer bien las cosas que hacer lo bueno. Quiero un corazón puro. Dios, ¿por qué estás tan callado?"

Entremezclada entre bellos recuerdos y oraciones apenas audibles, mi fe empezó a reaparecer. Mientras conducía por la carretera interestatal 55 no vi ninguna señal milagrosa. No se escribió ningún mensaje en el cielo. Simplemente me di cuenta de que anhelaba la llegada de mi padre y que estaba tarareando un conocido himno: "Alcancé salvación".

Y la había alcanzado. La duda había sumergido el significado de mi fe. Pero, en una extraña paradoja, mi sincero cuestionamiento me había permitido asirme de la mano de Dios y que Él me sacara del agua. Y cuando lo hice, Dios estaba allí, no con una cuerda de salvamento ni un chaleco salvavidas, sino como el Salvavidas viviente. Comprendí entonces que no necesitaba respuestas. Deseaba una relación. Así como no necesitaba regalos al retornar mi padre, no necesitaba respuestas de Dios. Sólo necesitaba estar con Él.

Creo que ahora entiendo el silencio de Dios. Era la oportunidad para que viera la fe como más que un "amén" intelectual al final de una declaración religiosa. Los momentos que pasé con Él —como al conducir rumbo al aeropuerto— me dieron la oportunidad de ver que la fe no es tanto creer en Dios, sino estar con Él.

La duda desmanteló la fe de mi niñez. Y le agradezco a Dios por la duda. Me dio fe, una fe propia. He llegado a entender lo que Tennyson quiso decir cuando escribió: "Hay más fe en la duda sincera que en todos sus credos". La duda terminó con mi fe juvenil para dar lugar a una fe más madura.

Por qué es importante establecer nuestra propia fe

Muchas veces esperamos que exista certeza constante, promovida por la inocencia intelectual —especialmente en nuestros hijos. Nos inquieta, o incluso nos indigna, que un creyente dude. Perdemos de vista que la fe madura debido a la duda, no a pesar de ella. Nos olvidamos de que si la persona no hace sus preguntas seriamente, se perderá la riqueza y la profundidad de las respuestas. Lo más destructivo que podemos hacerles a los que pasan por un período de incertidumbre es tratar de silenciar sus dudas e instarlos a reprimirlas. "Las dudas reprimidas tienen un alto índice de resurrección", explica John Powell, "y las dudas que se siembran producirán nuevas raíces".

◇ ◇ ◇

La fe es el "sí" del corazón, una convicción
por la que arriesga uno su vida.
—Martín Lutero

◇ ◇ ◇

Aunque la Biblia advierte fuertemente contra la incredulidad, no he encontrado un solo pasaje que nos aleje de la duda. La duda y la creencia son compatibles. Por extraño que parezca, la duda no es un peligro para la fe —más bien, puede ser el catalizador necesario para revivir una fe seca y vacía.

Obviamente esto no significa que la iglesia debe estar llena de escépticos. Sin embargo, significa que la iglesia —y los padres— no deben angustiarse cuando un creyente sincero confiesa que duda. Los padres y la iglesia pueden ayudar a los jóvenes creyentes a superar sus dudas para establecer una fe más fuerte.

Cómo inculcar esta cualidad a nuestros hijos

Aunque mucho de lo que hemos escrito en los capítulos anteriores se dirige a padres con hijos de todas las edades, este capítulo es especialmente para padres cuyos hijos se están convirtiendo en jóvenes adultos. Trata de jóvenes que están cuestionando —quizá por primera vez— la fe de sus padres. He aquí algunas sugerencias para ayudarles a superar este período.

Adopte la actitud de no juzgar. Joe Nielson lo entiende muy bien. Él me enseñó sociología en la universidad. Yo aprendí más con el profesor Nielson en una hora de almuerzo que durante un semestre entero en algunos cursos. Este sabio profesor cristiano me ayudó a entender la diferencia entre la duda y la incredulidad. "El incrédulo se caracteriza por la resistencia obstinada, la desobediencia y la rebeldía", me dijo. "El que duda, por otra parte, tiene hambre de saber la verdad".

Todavía recuerdo el alivio que sentí al escuchar esas palabras. Me brindó espacio para el cuestionamiento honesto sin sentirme agobiado por la culpa. El profesor Nielson entendía que la crítica severa sólo endurece el corazón doliente.

Ahora soy profesor en una universidad cristiana en donde cada año conozco a muchos estudiantes que enfrentan dudas. Su lucha se complica aun más por el irracional "debería" —la culpabilidad por lo que deberían pensar, sentir o hacer. Con frecuencia oro para que esos estudiantes perciban mi aceptación. Estoy seguro de que el Dr. Nielson elevó esa oración por mí.

Cuando vemos que nuestros hijos enfrentan dudas en su vida cristiana, podemos ser pacientes con ellos. Los padres tendemos a preocuparnos demasiado cuando nuestros hijos mayores dudan. Quisiéramos actuar de inmediato y borrar esas dudas. Pero, a fin de que desarrollen su fe personal, necesitan pelear sus propias batallas espirituales. Podemos entregarlos en las manos del Señor —Él los ama mucho más que nosotros— y permanecer cerca sin juzgarlos, listos para ayudar cuando nos lo pidan, pero permitiendo que superen sus propias batallas con la fe.

No se apresure a responder. Cuando alguien duda, he aprendido a no contestar sus preguntas prematuramente, ni a proveerle un pesado libro para que le responda por mí. Muchas veces he visto que quien duda pide respuestas, pero no las espera necesariamente.

Tony era uno de ellos. No hace mucho estaba sentado en mi oficina, expresándome cuánto significaba para él cuestionar la vida religiosa sin que alguien le respondiera citándole la Biblia. "Cuando alguien trata de resolver mi cuestionamiento, siento que lo hace para no contagiarse de mi enfermedad de la duda", me dijo Tony. "Me hace sentir aun más solo. Me bastaría saber que les importa".

Tony ha encontrado una clave valiosa para ayudar a los escépticos a descubrir una fe fresca. Como dijo el Dr. Nielson, "las preguntas son un puente hacia la presencia de Aquel a quien se dirigen".

A veces nuestros hijos no necesitan que contestemos sus preguntas, sino simplemente que les permitamos expresarlas y que les digamos que estamos de acuerdo con ellos: "Esa es una buena pregunta. Es una de esas cosas incomprensibles acerca de Dios".

◇ ◇ ◇

La fe en Dios no es simplemente creer que existe, sino hacer lo que Él dice porque creemos que cumplirá sus promesas.
—Clayton Bell

◇ ◇ ◇

Comprenda que las palabras a veces hablan tan fuerte como los hechos. Según un estudio reciente de la Universidad de Purdue, las palabras son tan poderosas como los hechos cuando se trata de transmitir creencias religiosas. El estudio descubrió que es más probable que los hijos adopten la fe de sus padres cuando entienden claramente lo que éstos creen. La investigadora que condujo el estudio dijo: "Vimos que la exactitud de la percepción del hijo respecto a las creencias de los padres es afectada por todo lo que hacen éstos". Afirmó que esto incluía dedicar tiempo para explicar las creencias y animar al hijo a participar en actividades que los padres consideran que ayudan a entender esas creencias.

Con razón Moisés ordenó a los israelitas que hablaran con sus hijos acerca de los mandamientos y la misericordia de Dios cada mañana, al levantarse, también mientras hicieran sus quehaceres diarios y al acostarse por la noche (véase Deuteronomio 6). En oposición al dicho popular, los hechos no hablan necesariamente más fuerte que las palabras.

No debemos suponer que nuestros hijos adoptarán nuestras creencias sencillamente al estar con nosotros e ir a la iglesia. Para inculcar creencias en los niños tenemos que enseñarles deliberadamente, diciéndoles lo que sentimos, pensamos y creemos acerca de Dios.

Ayúdeles a enfocarse en hacer lo bueno por la motivación correcta. Un joven sacerdote tuvo una visión de Dios en una gran catedral. Corrió hacia el obispo y jadeante le dijo: "Acabo de tener una visión de Dios. Está allá, detrás de esa columna. ¿Qué hacemos?"

El obispo dijo: "¡Rápido! ¡Aparente estar ocupado!"

¿Alguna vez actúa así con Dios? A veces nos mantenemos muy activos, haciendo todo para tratar de impresionar a Dios —y a los demás. Sin embargo, la persona que está espiritual y mentalmente saludable actúa motivada por una genuina hambre y sed de Dios, no por recompensas externas ni por culpa o temor.

◇ ◇ ◇

Usted no tiene convicciones
a menos que haya pasado por pruebas.
—Crawford W. Loritts Jr.

◇ ◇ ◇

En la obra de teatro *Murder in the Cathedral* (Crimen en la catedral), T. S. Eliot escribió estas líneas: "La última tentación es la peor traición: hacer lo bueno por motivos incorrectos". Dios no quiere simplemente que hagamos lo que dice, sino que anhelemos hacerlo. Él desea corazones puros. En I Samuel 16:7 dice: "No mires a su parecer, ni a lo grande de su estatura, porque yo lo desecho; porque Jehová no mira lo que mira el hombre, pues el hombre mira lo que está delante de sus ojos, pero Jehová mira el corazón". Jesús dijo: "Si me amáis, guardad mis mandamientos" (Juan 14:15).

Para que la fe genuina crezca, debemos aprender el valor de hacer lo bueno motivados por razones correctas. Y podemos ayudar a nuestros hijos a enfocarse en esto. Inculcarles la integridad reducirá la posibilidad de que lleguen a ser hipócritas espirituales, actuando de cierta manera cerca de nosotros y de otra cuando no estamos.

Cambie los papeles cuando pueda. Un día Fred Rogers, animador de un conocido programa de televisión para niños, estaba en California y decidió visitar a un adolescente que padecía de parálisis cerebral. Al principio el muchacho se sintió muy nervioso al pensar que el señor Rogers lo visitaría. Realmente estaba tan nervioso que cuando éste llegó, el muchacho se enojó consigo mismo y empezó a golpearse; la madre tuvo que llevarlo a otro cuarto. El animador esperó pacientemente. Cuando regresó el joven, Rogers le preguntó: "¿Podrías hacerme un favor?" Cuando el muchacho respondió afirmativamente, le explicó: "Quiero que ores por mí. ¿Puedes orar por mí?"

El joven quedó sorprendido porque nadie le había pedido jamás algo así. Siempre otros habían orado por él. Había sido objeto de oración, pero ahora le estaban pidiendo que orara por otra persona. Aunque al principio no sabía si lo podría hacer, dijo que lo intentaría y, desde esa vez, él siempre ora por el señor Rogers. Antes abrigaba la idea de suicidarse, pero ya no menciona el deseo de morir porque piensa que el señor Rogers está cerca de Dios y, si el señor Rogers le mostró aprecio, seguramente Dios también lo ama.

Le preguntaron al señor Rogers cómo supo qué decir para animar al muchacho. Él respondió: "No le pedí sus oraciones pensando en él, sino en mí. Se las pedí porque creo que cualquier persona que haya pasado por desafíos como los de él tiene que estar muy cerca de Dios. Se las pedí porque quería su intercesión".

Validamos la fe de nuestros hijos cuando les pedimos que oren por nosotros, que inicien un programa de lectura bíblica con nosotros para rendirles cuenta de nuestra fidelidad al mismo, o que realicemos alguna otra actividad que edifique nuestra fe. Cuando les pedimos a nuestros hijos que nos ayuden a crecer espiritualmente, no sólo alcanzamos ese objetivo sino que ellos y toda la familia unida se acercarán más al Padre.

Preguntas de estudio

◆ ¿Cuándo estableció usted su propia fe?

◆ ¿Alguna vez ha pasado usted por dudas en su vida espiritual? ¿Cómo reaccionó? ¿En qué forma superó las dudas?

◆ ¿Qué debemos hacer cuando a nuestros hijos no les interesa establecer una relación con Cristo o se rebelan abiertamente contra la fe que antes tenían?

◆ ¿Qué les impide a nuestros hijos establecer su propia fe?

◆ ¿Cuáles pasos prácticos puede tomar para inculcar la fe en su hijo?

Conclusión

En el libro *The Ascent of a Leader* (El ascenso de un líder), Bruce McNicol y Bill Thrall cuentan de una mujer que sueña haber entrado en una tienda de un centro comercial donde ve a Jesús detrás del mostrador.

Jesús le dice: "Puedes obtener todos los deseos de tu corazón".

Sorprendida pero contenta, ella pide paz, gozo, felicidad, sabiduría y libertad del temor. Después agrega: "Pero no sólo para mí sino para todo el mundo".

Jesús sonríe y dice: "Creo que no me entendiste bien. Aquí no vendemos frutos, tan solo semillas".

Esta historia nos recuerda que cuando hablamos de ser buenos padres para nuestros hijos y cómo inculcarles las cualidades para la vida que deseamos para ellos, solamente podemos plantar las semillas. No podemos garantizar que utilizarán esas semillas y que producirán el fruto que deseamos. Pero, como padres, eso es todo lo que podemos hacer —y es suficiente.

www.ingramcontent.com/pod-product-compliance
Lightning Source LLC
Chambersburg PA
CBHW021206020426
42331CB00003B/226